www.lenos.ch

Annemarie Schwarzenbach

Alle Wege sind offen

Die Reise nach Afghanistan

Herausgegeben und mit einem Essay versehen
von Roger Perret

Lenos Verlag

Erstmals erschienen 2000

Erste Auflage 2008

Satz und Gestaltung: Lenos Verlag, Basel
Umschlag: Anne Hoffmann Graphic Design, Zürich
Foto Umschlag: A. S. in Taschkurghan, Afghanistan, 1939
(Schweizerisches Literaturarchiv, Bern)
Printed in Germany
ISBN 978 3 85787 394 2

Inhalt

I

Der Ararat

Ende des Ramadan: gemeinsames Mittagsgebet, Ghorband-Tal, Afghanistan, August 1939.

Balkan-Grenzen

Man hatte uns von den Balkan-Strassen erzählt, und es liesse sich ein Kapitel darüber schreiben, leicht und gern, jetzt, da unser Ford alle Mühen hinter sich hat und, auf dem Deck des türkischen Dampfers „Ankara" verstaut, der Küste Anatoliens entlang fährt. Auf unserer Landkarte war eine „Internationale Strasse" eingezeichnet, von Triest über Zagreb nach Belgrad, von Belgrad nach Sofia, von Sofia schnurstracks nach Istanbul. Gewiss, sie existiert, diese Strasse: Hinter der Hauptstadt Jugoslawiens gab es achtzig Kilometer Asphalt, von Luleburgaz bis Konstantinopel sogar über hundert Kilometer, und auf langen Strecken wurde gebaut, das hätte uns trösten sollen. Doch wo gebaut wurde, gab es für uns keine Strasse mehr, wir fuhren über das offene Feld. In Bulgarien schickte man uns über einen Saumpfad, durch ein Gebirgstal von phantastischer Schönheit, der Ford war geduldig wie ein Maultier. Hinter Adrianopel endlich arbeiteten wir uns durch eine kahle, wasserlose, offene Ebene, Lastwagen und Autobusse hatten die verschlungene Wegspur unterhöhlt, viel Steine gab's und wenig Brot, und wir waren froh, überhaupt vorwärts zu kommen, obwohl wir es nur auf acht Kilometer pro Stunde brachten. Vor uns aber eilte das gelbe Bett der zukünftigen Strasse pfeilgerade dem Horizont zu, die weissen Zelte der Ingenieure leuchteten; Hunderte von Arbeitern, Männer, Kinder und Greise, waren aufgeboten. Geduldige Pferde und Ochsenpaare vor ihren Karren warteten enggedrängt in der Mittagshitze am kargen Wegrand; unser Wagen kochte, machte Halt vor unüberwindlichen Rinnen und Löchern, es ging ihm beinahe der Atem aus. Und doch, es wurde gearbeitet in der neuen Türkei, und hinter Luleburgaz war es wahrhaftig die geträumte, die zukünftige „Internationale Strasse“, die uns blitzschnell der kühlen, verschleierten Bläue des Meeres und den Mauern von Byzanz entgegentrug ...

Genug von den Strassen: Wir haben uns vorgenommen, den Leser daheim nicht zu langweilen mit den Alltagssorgen unseres Autos. Warum haben wir uns darauf eingelassen, auf *solche* Wege? Als ich, vor fünfeinhalb Jahren, zum ersten Mal nach Osten fuhr, sass ich im Orient-Express (wir haben seinen Schienenstrang, und einmal sogar seine verschlossene Wagenreihe gekreuzt), da war der Balkan eine Region von gleichförmiger Melancholie. Diesmal aber haben wir, zur Erntezeit, *die Grenzen* kennengelernt. Welcher Reichtum, welche Verschiedenheiten, und, wiederum, welche überall wiederkehrenden, schlichten Gesetze: Brot wurde gebakken, Obst geerntet, Heu eingebracht, und die Viehherden weideten am Simplon, in der Ebene von Treviso, an der Donau (da, wo sie „Dunav“ hiess) und an den Hügeln der europäischen Türkei. In Simplon-Dorf hatten wir am ersten Abend mit unseren letzten Schweizer Rappen beim Bäcker ein rundes Roggenbrot gekauft, in dessen dunkle Rinde schöne Muster eingepresst waren: ein Skorpion, Sternbilder und Buchstaben. Das erste Stück dieses Schweizer Brotes assen wir zum Frühstück im Piemont, vor unserem Zelt voller Tau, während ringsum die italienischen Bauern mit geschulterten Sensen zur Arbeit gingen; die letzte Kruste kauten wir in Bulgarien, kurz vor der türkischen Grenze, da, wo es Weizen, Rosen und Erdbeeren, Mais und Tomaten gibt, aber kein schwarzes Brot. In der Zwischenzeit hatten wir vielerlei Brot gegessen. In Italien klagten die Bauersfrauen ein wenig und zeigten uns ein paar Getreidekörner in der rauhen Hand: „Daraus müssen wir jetzt Kaffee machen."

In Slowenien, in einem Gasthof im Dorf Costanjavica, das auf deutsch einst „Landstrass" hiess, bekamen wir Wiener Kaffee, fette Milch und frische „Kipfel" zum Frühstück. Die Wirtin, in kauderwelschartigem Deutsch, klagte auch ein bisschen: Hier war früher Alt-Österreich, und wenn die Burschen zum Militär gingen, kamen sie als „Herren" zurück; die Kaiserin Maria Theresia besass in Landstrass ein Schloss, wo sie Münzen schlagen liess. Davon ist im verwilderten Park nichts mehr übrig, die Türken haben es zerstört. Was gibt es zu klagen? Die Frau belehrt uns: Damals, in der guten alten Zeit, gehörte man zu einem grossen Reich und hatte eine glänzende Residenz. Wenn auch die Wege in Costanjavica dieselben sind, für die Kaleschen der Kaiserin, unseren Wagen, und die Heuwagen der jugoslawischen Bauern – damals gehörten die Deutschsprachigen zum besseren Volk ... Und heute? Wir erfahren: Deutsche, von Maria Theresia angesiedelte Kolonisten, Auswanderer und andere mehr, gibt es bis hinunter nach Serbien; in den früheren Garnisonsstädtchen sprechen die Kellner Deutsch, in Zagreb die Marktweiber. Und viele dieser Deutschen denken, es wäre besser, wieder zu einem grossen Reich zu gehören. Habsburg ist dahin, darum kann es passieren, dass uns im Dorf Klostar mit seinen schönen Klostergebäuden und seiner weissen, unmissverständlich österreichischen Barockkirche eine ganze Schulklasse, der Lehrer an der Spitze, mit „Heil Hitler“ begrüsst ... Dafür fragt uns eine alte Bäuerin, während wir im Schatten unter ihrem Kirschbaum ausruhen: „Ist es wahr, liebe Herrschaften, dass der Hitler bis hier herunter kommen wird?“ Sie ist aus ihrer böhmischen Heimat ausgewandert („die Böhmen gingen nach Slowenien, wie die Slowenen nach Amerika“), sie muss hart arbeiten, aber sie hat zu essen, und sie möchte ihren Frieden ... Ja, sie haben zu essen in Jugoslawien: Welche Fülle, die Äcker, Weiden und Wälder im Hügelland hinter der italienischen Grenze, die riesigen, wogenden Felder an der Donau und bis zu den Toren von Belgrad, und die Bauern besitzen herrliche Gespanne, feurige, schmale ungarische Apfelschimmel vor ihren Heu- und Getreidewagen. Die Männer sind in Weiss gekleidet, mit bunten Westen darüber, die Frauen tragen gestickte Blusen und weite, wippende Röcke. So sehen wir sie, des Abends, von den Feldern in die Dörfer heimkehren, wo Gänseherden schnattern am lauen Dorfteich. Orient? Okzident? Mit dem österreichischen Charakter ist es vorbei, keine weissen Barockkirchen mehr auf grünen Hügeln – nennen wir es einfach: gesegnetes Bauernland.

Die bulgarische Grenze: fast ein Engpass, ein ganz schmales Tal, und Berge dahinter. Die Strasse ist im Bau, daher machen wir einen Umweg und geraten, kaum ist das riesige, einsame Grenzschild hinter uns, in eine abendliche Farbenglut: rote Erde, ein Bergbach, grüne Weiden, weisses Vieh und kahle Hänge. Das mutet schon asiatisch an, wenn die Sonnenseite der Hügel schwarz und ohne Vegetation ist, die Schattenseite aber wie eine Oase mit Wasser und tiefem Grün! Einige Tage später fahren wir, hinter Sofia, durch das berühmte „Tal der Rosen“ auf Plowdiw oder Philippopolis zu, und finden nicht nur wilde Rosenfelder, die violette Flut von Lavendel, eine milde, von süssem Geruch erfüllte Luft, sondern auch die Dörfer ganz verändert. Reste der alten Türkei, Männer in Pluderhose und buntem Turban, scheue Frauen, schwarz verschleiert vom Kopf bis zur an der nackten Fessel zusammengeschnürten Hose – Mohammedanerinnen. Wie Sklavinnen sehen wir sie am nächsten Tag in den Erdbeerfeldern unter der Aufsicht eines herrischen „Patrons“, der die vollen Kistchen am Wegrand stapelt. Gehören diese scheuen und offenbar rechtlosen Wesen demselben Volke an wie die würdigen und freundlichen Bäuerinnen, die auf der Schwelle ihrer dörflichen Hütten sassen, spinnend, und wie die singenden Mädchen in ihren roten Röcken?

Das Land wird urplötzlich kahl. Rechts fliesst die Maritza, dahinter liegt Griechenland. Wir aber nähern uns einer neuen Grenze. Am steinigen Weg flattert im Abendhimmel die Fahne der Türkei.

Therapia

Von allen Namen, die nach einer langen Reise in meiner Erinnerung haften, ist mir dieser der liebste. Vielleicht weil er so griechisch klingt, und so heiter wie ein anhebender Lobgesang auf unbeschwerte, an schönen Gestaden verbrachte Tage? Vielleicht weil er am Anfang stehen sollte und nun in eine schon weit zurückliegende, verklärte Zeit gehört – die Reise hatte ja kaum begonnen, ich hatte kaum die Rebenhügel und Bauerndörfer Jugoslawiens, die Erdbeer- und Rosenfelder und ockergelben Berge Bulgariens und die nadelfeinen Minarette von Edirne hinter mir gelassen, und mich noch nicht an die wechselnden Himmel der Balkanländer gewöhnt, da spiegelte sich schon Stambul im Bosporus!

Das bedeutete noch lange nicht ein erstes, vorläufiges Ziel – ich erkannte die gebuckelten Basardächer wieder; das ansteigende Häusermeer und die feuchten Gassen von Vera, die breit ruhende Pracht der Hagia Sophia und Suleimanyie, hörte auch die brandenden Geräusche der engen Grossstadt und ass die gebratenen Fische und gezuckerten Früchte, die ich schon einmal gekostet hatte. Alles schon einmal! Alles spiegelte sich wie in einer glänzenden Schwertscheide, die weissen, von Menschen wimmelnden Brücken, die leise schaukelnden Dampfer, die Möwen, und schliesslich die in goldener Dämmerung vereinsamte, in Oliven und Ölhainen fussende Stadtmauer. Mir war, als dürfe ich mich nicht an solche Anblicke verlieren, es war zu vertraut – und nichts hätte mich gehindert, in einer der gewundenen, den Uferhügel bedeckenden Strassen von Behoglu ein Zimmer zu mieten und am Fenster sitzen zu bleiben, ein Stockwerk über dem hohlen Gassenlärm, und teilnahmslos täglich hinunterzuschauen, bis zum Abend. Doch konnte ich es leicht nachrechnen: Ich war erst wenige Tage unterwegs, hatte eben erst auf der Höhe des Simplon vom Dorfbäcker ein rundes Schwarzbrot gekauft, eben erst das letzte Stück davon gegessen, hinter der türkischen Grenze, am Strassenrand, als schon im zartweissen Nachthimmel verlockende, unantastbare Moscheetürme auftauchten; eben erst hatte ich am Donauufer geschlafen, im Schutz gelber Ährenfelder, war eben noch einer kleinen weissen Barockkirche am ländlichen Wiesenhorizont entgegengefahren und hatte Ochsenkarren, leicht trabende Pferdegespanne überholt, auch eine singende Prozession von Bauernkindern unter Baldachinen und wallenden Fahnen. Gestern noch hatte ich von rostroten Klippen aus, nicht weit von Triest, das Meer erblickt, schaumige Bläue! Da ich kein besonderes Ziel hatte, auch nicht eines Tages Halt machen, Ruhe finden, ein irdisches Paradies begrüssen wollte, sagte mir das alles wenig – man näherte sich einem lange angeschauten Horizont, da versanken Kirchturm und Ährenrand, Fahnen erloschen, Glocken verstummten, die Frauen trugen andere Kopftücher und wippende Röcke; statt weisser, weidender Rinder sah ich träge, ölig glänzende Wasserbüffel im warmen Schlamm unter einer Brücke liegen, die Weite sommerlicher Hügel und Felder war vorbei, eine schmale Strasse führte am Abhang eines romantischen, in gelbe, rostbraune und violette Schatten gekleideten Tals mitten in Berge ohne Namen hinein.

Wozu hätte ich ihre Namen auch kennen sollen! Einmal so unterwegs, vergisst man allen Wissensdurst, kennt auch keinen Abschied und keine Reue, fragt nicht nach dem Woher und Wohin. Höchstens auf dem Zifferblatt kann man nachrechnen, dass die Zeit sich schon um eine oder mehrere Stunden fortbewegt hat und man also schon ziemlich weit nach Osten gelangt ist. Jeden Tag wird es unmöglicher, umzukehren, man will es auch nicht mehr. Die Kleider zerreissen, gestehen, man sei zu weit gegangen, sei in dieser Fremde wie ein Bettler, ein Kind ohne Bett, ein Priester ohne Kirche, ein Sänger ohne Stimme – man verlange nach Geborgenheit, fürchte, vergeblich zu leben? Man möchte etwas wieder gutmachen, Versäumtes nachholen?

Wir wissen alle nicht, wovon wir leben – wie also könnten wir etwas versäumen und das Versäumte bereuen? In Stambul, als ich am späten Abend sehr müde eintraf und das uralte Gewölbe des Stadttors sich über mir schloss, das Pflaster hallte, Öllämpchen die Basargasse erleuchteten und endlich das nächtliche, schimmernde Wasser des Bosporus sich dahinzog in unaufhörlich gleitender Stille – da hätte ich wohl aufatmen und einen Augenblick glauben können, ich sei nun an irgendeinem Ziel und hätte dieses tausendfach klingende Wiedersehen redlich verdient. Aber da hätten sich bald furchtbare Zweifel eingestellt, ob dies auch der rechte, der allerletzte Ort sei; im Traum hätte ich die Dome anderer Städte gesehen, und im Wachen ihre tönenden Namen auf Wegweisern und Landkarten gesucht. Die Reise verlangt von uns keine Entscheidungen und stellt unser Gewissen vor keine einzige Wahl, die uns schuldig und reuig, demütig und trotzig macht, bis wir an aller Gerechtigkeit verzweifeln und meinen, dieses Leben sei uns zum Irrgarten bestimmt, zur unseligen Prüfung. Der Aufbruch ist die Befreiung – o einzige Freiheit, die uns geblieben ist! – und verlangt nur den ungebrochenen, den täglich erneuerten Mut …

So ging ich in Stambul traumwandlerisch umher, wollte mich mit der sicht- und greifbaren Vertrautheit ringsum nicht einlassen und sah über das ansteigende Dächermeer hinweg immer zum asiatischen Ufer hinüber. Dort begann eine andere Welt, die kahlen, wie erstarrte Wogen aneinandergereihten Hügel Anatoliens, dort wehten grössere Winde, verhallte die Menschenstimme, weideten glänzende Herden auf unermesslichen Weiden, dort gab es Rauchopfer, die sich fortsetzten von Steppe zu Steppe ostwärts bis zu den schlitzäugigen Nomaden Turkestans und immer weiter bis an das Gelbe Meer – dort war die Schwelle, die ich überschreiten musste …

Es ist lange her. Jener Anfang einer grossen Reise ist zu einer sanften, einer unbeschwerten Erinnerung geworden, wie ein Traum, den man nicht zu fürchten braucht und den man nicht verliert. O Erinnerung! Dampfende Äcker, goldene Hügel – und die auf immer verhallten Hymnen, die nicht mehr weh tun, das Herz nicht mehr bewegen.

Seither wurden Namen zu Bergen, der Ararat erhob sich schneebedeckt aus Wolkenwänden, der gewaltige Hindukusch war ehern, in der Wüste Turkestans wallte die Kälte mit tödlichem Atem und der Schnelligkeit der berühmten weissmäuligen Pferde; es verschlug einem das Wort.

Was bleibt mir von jener fürchterlichen Einsamkeit?

Therapia liegt so weit zurück wie die Kindheitsinseln. Alles schon einmal gesagt, alles überstanden, ich möchte jetzt mein Gesicht vergraben und schweigen. Wenn ich trotzdem diesen Namen beschwöre und liebe, so ist es vielleicht, weil nichts ihn beschwert – er stand ja am Anfang – und nichts ihm anhaftet als der von ganz leisen Abendwinden getragene, schon wieder verwehte Duft von Himbeeren, die in vielen Körben, frisch gepflückt, am kleinen Hafen standen zum Verkauf; das von Mondlicht gesättigte und besänftigte Wasser schlug schlaftrunken an die Mauer, im von Terrasse zu Terrasse ansteigenden Garten bewegten sich das Laub und träufelndes Fackelfeuer – der nächtliche Bosporus war eine Stunde lang das nie verlangte Paradies –, doch da begann schon mit jubelnden Vögeln und ausfahrenden Fischerbooten die Morgendämmerung.

Könnte ich doch den Hergang und Fortgang dieser nun beendeten Reise erzählen! Mit allen überstandenen Prüfungen, Gefahren, Magien, Unvergesslichkeiten – und noch einmal in der sanft geschwungenen Bucht von Bandra liegen, die Augen ausruhen lassen im Pastell von Himmel und Meer, dem versinkenden Horizont. Noch einmal! Den Trost des frühen Morgens! Aber ich habe alles, auch die letzte Stunde, vergessen. Lass mich nur die Augen öffnen der stürmischen Begegnung …

Trapezunt: Abschied vom Meer

Ein gescheiter junger Ingenieur hat uns in Istanbul gewarnt: „Sie wollen, zwei Frauen allein und ohne Türkisch zu sprechen, von Trabzon quer durch das Hinterland Anatoliens nach Iran fahren? Vielleicht werden Sie gar keine Schwierigkeiten haben, vielleicht aber deren genug, die Ihnen das Reisen für den Rest Ihres Lebens verleiden ..." Welche Art von Schwierigkeiten? Die Strasse, die noch im Bau ist? Das kann nicht ärger sein als die Strecke zwischen Edirne und Luleburgaz! Keine Unterkunft? Wir kampieren und kochen unseren Risotto selbst. Die Polizei? Unsere Pässe sind in Ordnung, und wir wissen, dass wir in militärischen Zonen nicht fotografieren dürfen. Der Ingenieur zuckte die Achseln: „Die Ausdehnung der militärischen Zonen wechselt, niemand weiss darüber so genau Bescheid. Und vor nicht langer Zeit hat man deutsche Spione verhaftet."

Wir sind keine Spione. Wir haben weder für Soldaten noch für Befestigungen viel übrig. Aber warum ist die Strasse noch nicht fertig? „Vergessen Sie nicht, unser Präsident ist, wie sein grosser Vorgänger Kemal Atatürk, in erster Linie Soldat." Wir brauchen Bahnen, bevor wir Strassen brauchen. Ausserdem haben wir kein Öl wie unser Nachbarstaat Iran, aber wir haben Kohle."

Vorläufig gleiten wir auf dem weissen, leise stampfenden Dampfer „Ankara" durch den Bosporus, und der Wasserweg zwischen grünen, ansteigenden Ufern ist so lieblich, dass man Mühe hat, sich an die ganz anders geartete, im grossen Spiel um Krieg und Frieden schwerwiegende Bedeutung dieses Namens zu erinnern. Und das Schwarze Meer ist trotz zuweilen asiatisch kahler Hügel genährt von Luft und Licht, von Farbe und Heiterkeit des Mittelmeeres. Der Dampfer legt vor kleinen Häfen an, vor Inebolu und Sinop, vor Samsun und Kerson; jedesmal sticht zu unserem Empfang eine ganze Flotille von schweren Fischerbooten in See, die Burschen stemmen die nackten Füsse gegen die vordere Bank und rudern, als gehe es um ihr Leben; Lastträger, Kirschen- und Brotverkäufer klettern an Bord, in wenigen Minuten ist das Vorderdeck des eleganten Dampfers in einen Marktplatz verwandelt und unser Fordauto dient als Warenablage und Verkaufsbude, auf dem Trittbrett sitzt der Händler mit seinen runden, flachen Broten, vom Gepäckgestell aus hält ein vergnügter Junge rosafarbiges Eis feil. Die Menge drängt sich, die ärmliche Menge unserer „Zwischendeck"-Passagiere, Bauern in alten türkischen Hosen, ein Greis im Turban, Mädchen, die in Istanbul Strümpfe und europäische Fähnchen erstanden haben, Frauen, die in losen Pantoffeln und weiter Hose einherschlurfen, das Gesicht mit einem Zipfel des Kopftuchs verbergend, und unzählige schmutzige Kinder. Sie leben zwischen den Warenballen, den Kranen und unserem Auto, sie leben von ein wenig Brot und Früchten, sie leben geduldig, umhergestossen, froh, für ihre Steppdecke ein Plätzchen zu finden.

Am 20. Juni haben wir Istanbul verlassen, am 23., in aller Morgenfrühe, liegt der Dampfer vor dem weissen Städtchen Trabzon. Wie sie wohl unseren Wagen ausladen, frage ich mich, und wirklich, die Methode ist einzigartig! Sie legen Strohpolster unter die Räder, dann trägt ein Kran den heftig schwankenden Wagen über die Reling bis hinunter in ein von zwei Männern gerudertes Boot, wo die Vorderräder auf einer Bank landen. Ein Stündchen später steht der Wagen sozusagen unversehrt auf dem von greller Sonne beschienenen Quai von Trabzon, und wir holpern durch die steilen Gassen der einst prächtigen Hauptstadt der Komnenen.

Es ist nicht viel übrig geblieben von ihrem Glanz, ein paar byzantinische Kirchen und in den sich öffnenden Schluchten die Reste von Befestigungen, gelbe Türme und Mauern. Zunächst suchen wir auch keine Spuren der Historie, sondern das Kontor der Firma Hochstrasser, Export und Import, die in erster Linie die Haselnüsse der Umgegend von Trabzon einhandelt und verschickt. Eine alte Schweizer Firma, und ein Auslandschweizer, Herr Vonmoos, nimmt uns in Empfang und freundschaftliche Obhut.

Wir haben keine Zeit, in Trabzon zu bleiben. Obwohl es verlockend wäre hinauszublicken auf die wunderbar sammetblaue Fläche des Meeres, ein wenig teilzunehmen am kleinen Leben dieser kleinen Stadt, deren Basarbuden strotzen von Kirschen, Walderdbeeren, grossen Tomaten und unzähligen Gemüsen, deren Hinterland satt und grün ist und deren weisse Villen vor dem Krieg von Griechen erbaut wurden, welche diese Küste bevölkerten. Wir sehen das alles zum letzten Mal.

Am Nachmittag beginnen wir die Fahrt, talaufwärts. Man spürt es gleich: Hier handelt es sich um einen Abschied. Dieses Tal ist noch grün, und gekühlt von der Meerluft. Vieh auf guten Weiden, Haselnussbüsche, kleine Felder an steilen Hängen und überall, unter Laubbäumen, uralte griechische Kapellen. Bei Beginn der Dunkelheit geraten wir in einen Nadelwald, das Tal verengt sich zur Schlucht, und dichter Nebel verschliesst den Blick nach rückwärts, den letzten Blick auf das Meer, das Xenophon von der gleichen Höhe aus erblickt hat. Wir folgen seinem Weg, in umgekehrter Richtung. Und schon sind wir über 2000 Meter hoch, auf der Passhöhe von Siana, es ist kalt, aber noch nicht dunkel. Wir sehen ein grossartiges Panorama, Kette an Kette, ein Meer von braunen und kahlen Bergen, asiatische Landschaft, asiatische Grösse.

Keine griechischen Kapellen mehr, keine Haselnussbüsche und Obstbäume. Wir halten im ersten Ort nach der Passhöhe, Gümüshane, Lastwagen stehen vor dem erleuchteten „Restaurant" des Hauses, das uns als Hotel bezeichnet wird. Man führt uns die enge Treppe hinauf, stellt uns eine Petrollampe in das Zimmer, welches leer ist bis auf drei eiserne Bettgestelle mit schweren, gesteppten, in eine nicht sehr saubere weisse Hülle eingenähten Decken. Wir bekommen unten im Lokante Eier zu essen, und eine Suppe aus saurer Milch, Kräutern, viel Fett. Das Stück Leber, das Ella [Maillart] verzehrt, wurde ihrer Meinung nach in Petrol gebraten. Am Nebentisch sitzen unrasierte Männer beim Raki, einer von ihnen ist Architekt, ein anderer Strassenbauingenieur, das sind die Berufe, welche die neue Türkei braucht. „Sie fahren nach Erzurum und noch weiter? Sie werden sehen, die Strasse ist teilweise fertig, und überall wird gebaut ..."

Ein riesiges Land liegt vor uns. Wir haben die Küste verlassen, die sanfte Luft, den schönen Himmel, die an das Mittelmeer erinnerten und uns damit noch verbanden. Nachts, die Tür haben wir mit einer kurzen Kette und einem an der Schwelle befestigten Haken verschlossen, begehrt ein Polizist Einlass und nimmt uns die Pässe ab. Wir sind nicht mehr in einem freien Land. Die Polizei will wissen, wo wir die Nächte zugebracht haben. Werden wir noch kampieren können, wo es uns gefällt? Und wir denken, während draussen die Scheinwerfer der Lastwagen aufflammen und die Motoren dröhnend anspringen, nicht ohne Wehmut an die sanfte Landschaft Jugoslawiens, an unsere Lager am Donau-Ufer, unter Bäumen ...

Der Ararat

Ich weiss nicht, wie lange ich auf den Dächern des Schlosses Bayazid sass und von dieser zerklüfteten Höhe aus zum Berge Ararat hinübersah. Es war ein herrlicher Anblick! Stunde um Stunde verging, der in den Felsen brausende und wie eine gesammelte Heerschar wieder in die Ebene sich werfende Wind war der gleiche wie auf den breiten, befestigten Hügeln von Erzurum und frühmorgens über dem jungen, in einem kahlen Mondtal geborenen Euphrat. Tag und Nacht der gleiche Wind, und am Morgen wieder, und jahrelang – konnte man noch atmen, sich wieder fassen, den Blick von dem von ewigem Schnee bedeckten, aus wallenden Wolkenfahnen sich lässig befreienden Haupt je wieder abwenden, einem Ölzweig zu? Aufstehen, sein Bett versorgen und in der wasserarmen Ebene die Menschen wieder bei ihrem Tagwerk finden? Denn dort bauten sie die neue Strasse nach Täbris, bauten Steinbetten und Brücken, trockneten Sümpfe aus und errichteten am Fuss der alterslosen Burg das zukünftige Bayazid, eine Stadt aus Lehm und Wellblech. Da wohnten sie, junge Ingenieure, Arbeiter, Bauern, Türken, Russen, Heimatlose, Beamte und Abenteurer, Pioniere ohne Frauen, und liessen sich den Schluck Trinkwasser von weither aus den Bergschluchten holen. Weniger weit, in der grasarmen Ebene, verlief ein rostiger Schienenstrang wie eine Wasserader im Wüstensand, und lagen ein paar alte Lokomotiven wie Tiere, die in die Knie gebrochen sind: das waren die Überreste der von den Russen während des Weltkriegs gebauten strategischen Bahn. Eine neue Strasse, eine neue Bahn – ich hörte das Rattern schwerer Dampfwalzen auf dem Kies und das Stampfen unzähliger Ochsenpaare, die den Weg ebneten. Der lief schon wie ein weisser Pfeil der persischen Grenze zu, über Felsrücken, vorbei an Kurdendörfern und den noch qualmenden Ruinen armenischer Kirchen, mitten durch das ausgetrocknete, rissige Bett der Sintflut. Und kein einziger Ölbaum am Wege! Das gezähmte babylonische Löwenpaar an Altersschwäche eingegangen, die rundkruppigen Wildesel hungernd nach Freiheit verirrt! Herden ölig glänzender Wasserbüffel ersetzten den Elefanten und lagen träge im Schlamm unter den neuen Brücken; in weiter Ferne, grosser Höhe sah ich den kleinen Falken selig kreisen, der den grauen Tauben den Todesstoss versetzt hatte. In einem Dorf hinter der Grenze – von baumbestandenen Kanälen umschlossen, lag es in der einsamen, lepragelben Fläche Persiens, ein schattenloser blauer Berg an seinem Rand glich einem Trugbild des Ararat –, dort, sagten sie mir, liege der Erzvater Noah begraben, in einem Rebengarten.

Wir hielten uns dort gar nicht auf. Auch nicht in den lehmfarbigen Kurdendörfern zwischen Ährenfeldern, auch nicht auf der sattelförmigen Anhöhe, der Grenze zwischen der Türkei und Persien, wo die Regenwände und geballten Wolken Anatoliens plötzlich sich auflösen, die schiefergrauen Felsen und das struppige Steppengras jenes Hochlandes zurückbleiben und das Auge sich von einem Augenblick zum anderen gewöhnen muss an die luftige Glockenhöhe, das verschwebende Blau des persischen Himmels, die blendende, lichtdurchzitterte, vom Blau verschwimmender Gebirge kaum wirklich begrenzte Ebene eines fremden

Landes. Inzwischen wurde die Gegend von Bayazid vom grossen Erdbeben im Herbst 1939 heimgesucht. Der Nachfolger Atatürks war in den Zeitungen abgebildet, wie er Witwen, Waisen und Obdachlosen die Hand schüttelte. Da war schon Krieg in Europa.

Sicher ist das Schloss von Bayazid eingestürzt. Türme und Mauern mögen schwankend, wie luftgefüllte Segel, in die Tiefe gesunken sein, und die Herdfeuer im Dorfe erstickt, die Terrassengärten mit Asche bedeckt. Von hagelnden Steintrümmern erschlagen auch das Kind, das mir damals so beharrlich, aber in einigem Abstand durch die Gassen gefolgt war.

Ich wundere mich jetzt über die Aufzeichnungen, die ich während der Reise gemacht habe. Ich habe die meisten Namen vergessen. Die Legenden, die ich gesammelt habe, möchte ich nicht einmal erzählen. Die gastfreundlichen Gärten, die Pfirsichbäume und die verklärten Abendlandschaften, sie sind wie von Asche bedeckt. Im Felsendorf Maku verbrachten wir eine Nacht, und entgingen mit knapper Not einem furchtbaren Unwetter. Eine Sintflut, von Blitzen wie von Festraketen erleuchtet, sprang aus der überhängenden Wand, die Dorfgasse verwandelte sich in Sekundenschnelle in ein Bachbett, dann in ein Trümmerfeld; nur noch die zerbrochenen Dächer des Basars schauten aus den übereinandergetürmten Blöcken der Steinlawine hervor.

Am nächsten Morgen ging ein junger Offizier, der die Räumungsarbeiten leitete, mit uns über die Terrassen von Maku bis unter den höchsten Felsen, worin die Siegesinschrift von Nadir Shah eingegraben war, der dieses Dorf von Briganten einst erobert hatte. Aus der kühlen, schattigen Wölbung lösten sich Wassertropfen und fielen einzeln, langsam, wie schimmernde Perlen durch die blaue Luft. Daran erinnere ich mich genau: an den sanft verwirrenden Schleier irdischen Taus, und wie ich fröstelnd, von der Hitze des steilen Anstiegs erschöpft, im Gärtlein des Emirs sass und eine junge Bäuerin mir den Wasserkrug an die Lippen setzte. Denn so sind wir, wir erfreuen uns an Perlen, Meeresblau, einer Friedensstunde trotz brausender Brände, sehen über Trümmerfelder hinweg, damit wir alle das gleiche Gebet lernen: Herr, hilf uns, unser Leben zu fristen …

Wenige Tage später erblickte ich zum letzten Mal den Demawend. Ich will nicht rechten. Der Ararat war grösser, fusste sicherer und breiter in der Ebene Anatoliens und reckte seine vom Schnee bedeckte Kuppe seltener aus sich verziehenden Wolken. Sein Name stammt aus frommen Urzeiten, noch hängt dort oben unverkennbar die liebliche tierfreundliche Sage der Arche Noah, der junge Euphrat schäumt zwischen Birkenufern.

Der Demawend ist ein Gestirn. Seinen Namen möchte ich endlich vergessen – aber ihn wieder sehen, noch einmal sehen!

Ich war an jenem Abend von Kamelglocken und Staubsäulen eingehüllt, meine Kehle war ausgetrocknet, meine Augen waren fast erblindet. Da hob sich in der hellen Nacht eine Wolke, die ich für eine jener Visionen des Ostens hielt, für eine Täuschung. Ich sah sie im merkwürdig klaren Horizont sich auflösen – da stand, eine gestreifte Pyramide, der erloschene Vulkan, ein schmerzensreiches, tief bewegendes Bild: die Unvergänglichkeit.

II
Die Steppe

Nomadenfrau beim Wollespinnen, bei Karokh, Afghanistan, August 1939.

Die Steppe

Es ist lange her, zwei Monate oder zweieinhalb, und gehört schon wieder der Vergangenheit an. Und doch war es im gleichen Sommer, dessen Ende ich jetzt in Kabul erlebe, der Hauptstadt Afghanistans, und im Verlauf der gleichen Reise, die mich über viele Grenzen, Hauptstädte und Stationen aller Art bis hierher geführt hat. Die Graubündner Polizeinummer und das kleine Schweizerkreuz an meinem Ford beweisen mir nötigenfalls, dass sich alles programmgemäss und so vollzog, wie ich es in meinen Tagebuch-Notizen verzeichnet finde. Und es ist manchmal nötig. Vielleicht ist mein Sinn für die Realität nicht sehr stark entwickelt, vielleicht fehlt es mir an sicherem und beruhigendem Instinkt für die handgreiflichen Gegebenheiten unseres Erdendaseins, ich kann Erinnerungen nicht immer von Träumen unterscheiden und oft verwechsle ich Träume, die in Farben, Gerüchen, plötzlichen Assoziationen wieder lebendig werden, mit der unheimlich-heimlichen Gewissheit eines Vorlebens, von dem mich Zeit und Raum nicht anders und besser trennen als ein leichter Schlaf in der Frühstunde.

„Unser Leben gleicht der Reise ...“, und so scheint mir die Reise weniger ein Abenteuer und Ausflug in ungewöhnliche Bereiche zu sein als vielmehr ein konzentriertes Abbild unserer Existenz: ansässig in einer Stadt, Bürger eines Landes, einem Stand oder Gesellschaftskreis verpflichtet, einer Familie und Sippe angehörig und verwachsen mit den Pflichten eines Berufs, den Gewohnheiten eines aus allen diesen Gegebenheiten gewobenen „täglichen Lebens“, fühlen wir uns oft allzu sicher, glauben unser Haus für alle Zukunft gebaut, sind leicht verführt, an eine Beständigkeit zu glauben, die dem einen das Altern zum Problem macht, dem anderen jede Veränderung äusserer Umstände als Katastrophe erscheinen lässt. Wir vergessen, dass es sich um einen Ablauf handelt, dass die Erde in ständiger Bewegung ist und dass wir von Flut und Ebbe, Erdbeben und Ereignissen weitab von unserem sicht- und greifbaren Umkreis mitbetroffen werden: Bettler, Könige, Figuren des gleichen, grossen Spiels. Wir vergessen es, vorgeblich um unseres Seelenfriedens willen, der denn auch auf rieselnden Sand gebaut ist. Wir vergessen es, um uns nicht fürchten zu müssen. Und die Furcht macht uns hartnäckig; wir nennen Wirklichkeit nur, was wir mit Händen greifen können und was uns direkt betrifft, und leugnen die Gewalt des Feuers, wenn es schon brennt im Nachbarhaus, aber nicht bei uns. Krieg in anderen Ländern? Zwölf Stunden, zwölf Wochen nur von unseren Grenzen entfernt? Gott behüte, das Grauen, das uns manchmal ankommt, man verspürt es auch beim Lesen von Geschichtsbüchern, Zeit oder Raum, es bleibt sich gleich, was immer uns davon trennen mag.

Die Reise aber lüftet ein wenig den Schleier über dem Geheimnis des Raums – und eine Stadt magisch-unwirklichen Namens, Samarkand die Goldene, Astrachan oder Isfahan, Stadt des Rosenöls, wird wirklich im Augenblick, da wir sie betreten und mit unserem lebendigen Atem berühren. Das Pflaster von Damaskus hallt unter unserem Schritt, die Hügel von Erzurum leuchten im Abendschein, die Minaretts von Herat tauchen auf am Ende der Ebene. Aber eine Cholera-Seuche hält uns in Iran fest, und was eben noch eine flüchtige Vision war, eine Atempause, wird zu einer Episode, einem Abschnitt gelebten Daseins. In Kabul schliessen wir Freundschaften, richten uns häuslich ein, kennen den Russen, der europäisches Brot bäckt, und den Gulam Haidar, der Füllfedern, Luftpost-Briefcouverts und Veramon zu verkaufen hat. Schon haben wir unsere täglichen Gewohnheiten, finden den Heimweg im Dunkeln, und es hängt schliesslich nur von einem Zufall ab, dass wir nicht den Rest unseres Lebens hier verbringen: hier oder anderswo, am Rand des Kaspischen Meeres beispielsweise, wo das Klima höllisch ist und der Kaviar spottbillig, das Malariafieber gratis.

Haben wir, früher einmal, Sitten und Gebräuche fremder Völker studiert? Gut und recht, aber wir lernten nicht, wie der Afghane seinen Turban windet, und wussten nicht, wie der tägliche Pilaf schmeckt in einem Land, wo man täglich Reis und Schaffleisch zu essen bekommt und Tee zu trinken, und nie einen Tropfen Alkohol. Auf der Reise wechselt das Antlitz der Wirklichkeit mit den Bergen, Flüssen, mit der Bauweise der Häuser, der Anlage der Gärten, mit der Sprache, der Hautfarbe. Und die Wirklichkeit von gestern brennt noch im Abschiedsschmerz, die von vorgestern ist eine abgeschlossene, nie wiederkehrende Episode, was vor einem Monat war, ist Traum und Vorleben. Und endlich begreift man, dass der Ablauf eines Lebens nicht mehr enthält als eine beschränkte Anzahl solcher „Episoden“, dass es von tausendundeinem Zufall abhängt, wo schliesslich wir unser Haus bauen dürfen – der Friede unserer armen Seelen aber ist ein köstlich Gut der Freiheit, dem man nicht nachjagen, um das man weder feilschen soll noch verhandeln mit den Diktatoren, die unsere Häuser in Brand stecken, unsere Felder zerstampfen und die Cholera aussäen können von heute auf morgen.

Fürchterliche Ungewissheit? Fürchterlich nur so lange, als wir ihr nicht ins Auge zu blicken vermögen. Die Reise aber, die vielen als ein leichter Traum, als ein verlockendes Spiel, als die Befreiung vom Alltag, als Freiheit schlechthin erscheinen mag, ist in Wirklichkeit gnadenlos, eine Schule, dazu geeignet, uns an den unvermeidlichen Ablauf zu gewöhnen, an Begegnen und Verlieren, hart auf hart. „Die Reise nach Kabul", die sich auf der Landkarte einzeichnen lässt, wenn auch nur in grossen Zügen, und in Kilometerzahlen berechnen, wenn auch nur ungefähr, ist in meiner Erinnerung schon ein feingewobener Teppich, gewoben Stunde um Stunde aus lebendigem Atem, Schweiss und Blut, und unwiederbringlich verloren, denn die Zeit trägt Siebenmeilenstiefel, seitdem ein Ereignis weitab von meinem Weg: der Krieg, eingegriffen und mich und wohl die meisten meiner Mitmenschen überfallen hat wie Blinde und Taube.

Zwei Monate ist es her oder zweieinhalb. Der gleiche Sommer, Ende Juli, und ich hatte das iranische Hochplateau verlassen und war über den Firuzkuh-Pass hinuntergefahren in die dichten Urwälder, den feuchten Dschungel, die überschwemmten, von Moskitoschwärmen bedeckten Reisfelder Mazanderans bis zur blassblauen, von trauernden Dünen gesäumten Küste der Kaspisee. Fruchtbares, melancholisches, aus Frühleben, Träumen und den Erinnerungen letzter Jahre vertrautes Land, wo der Schah Baumwollspinnereien, Mustergüter und Tabaktrocknereien errichten liess.

Die in dämmernder Armut vom Ertrag ihrer Reisfelder lebenden Bauern wurden zur Fabrikarbeit angehalten, mit Chinin versorgt, der Reis wurde durch Tee ersetzt, einheimische Seidenkokons verwertet; im Fischerdorf Mesched-i-Sehr ein Palacehotel gebaut, Schweizer Hoteldirektoren und Färbermeister, Seidenweber und Köche wurden engagiert. Kinder müssen in 12-Stunden-Schichten arbeiten, die Zehnjährigen werden mit einem halben Kran oder zirka 15 Rappen täglich, die grösseren mit zwei Kran täglich entlöhnt, aber dafür werden die begabtesten unter ihnen in Abendschulen zu perfekten Webern und Spinnern, sogar Vorarbeitern ausgebildet, und vieles andere mehr.

Ich verbrachte die Nacht bei einem Schweizer, seine Frau kochte uns Kaffee, während wir in der feuchten Schwüle auf der Terrasse sassen und ich mir erzählen liess über Land und Leute und den Segen der Fortschrittsarbeit: Denn seit meinem letzten Besuch vor vier Jahren hatte sich viel verändert. Am nächsten Morgen verliess ich Mazanderan, das Kaspische Meer blieb zurück, der Dschungel öffnete sich. Keine Strohdächer mehr, keine Reisfelder, keine Tierschädel auf Hägen. Dann hörten die Tabakfelder auf und damit die Besitzungen des Schahs. Dann die Maisfelder, die den Bauern geblieben waren. Noch gab es Weiden – irgendwo, in einer sanften Hügelmulde, ein Dorf, Bäume, Brot. Auf der Strasse ging ein blondbärtiger Mann, in hohen Stiefeln, die Hacke über der Schulter. Ich hielt den Wagen an; der Mann, blauäugig, antwortete karg, auf russisch: Jawohl, er war von drüben gekommen, aus Russland, mit anderen Muschiks. Sie hatten daheim nicht mehr leben können, die Rotgardisten hatten ihnen die letzte Kuh genommen und die Kreuze und Heiligenbilder aus ihren Hütten. Jetzt hatten sie hier, in Iran, ein neues Dorf. Es gab Schwarzbrot und Honig; ob wir welchen kaufen wollten? Aber es gab keine fahrbare Strasse zum Dorf, und dem Russen war es recht, als wir uns trennten und ich meinen geraden Weg fortsetzte: nach Osten, einem weiten Horizont entgegen.

Die Luft war dünn und trocken. Ein heisser Wind erhob sich. Jetzt gab es keine Bäume mehr, kein Gras, kein Feld, kein Dorf, keine Hütte, keinen Zaun, kein Wasser. Die Erde wurde gelb. Der blasse Himmel senkte sich plötzlich wie ein schwerer Baldachin, unter welchem alles Leben erstickte, und im rasch hereinbrechenden Abend färbte er sich violett und schwefelgelb, rostbraun, feuerrot – das Schauspiel war schön, aber beklemmend wie eine Vision in der „Göttlichen Komödie". Und ich wusste jetzt, was mich vorher Bücher und Landkarte nur ungenügend gelehrt hatten: dass ich die tropische Senkung des Kaspischen Meeres verlassen hatte und die Turkmenensteppe betrat – den Anfang jener riesigen Steppen und Wüsten, die sich hinziehen durch ganz Zentralasien bis in den Fernen Osten. Und ich sah diesen Bereich zum ersten Mal. Heimat der Nomaden, der schwarzen Zelte, der Jurten. Aber in Iran waren die Nomaden zur Sesshaftigkeit gezwungen im Rahmen des Fortschrittsprogramms, die Stämme ihrer Führer beraubt und beinahe schon ausgerottet. Und die Teppiche der Pendinischen und der Teke-Turkmenen, ihre bunten Satteltaschen und Zeltstreifen, ihre schnellen Pferde? Zu meiner Linken sah ich, an einem Horizont, der jetzt erloschen und bleifarbig war, ein paar elende Ziegenfilz-Zelte und die sonderbar gravitätischen Silhouetten einiger magerer Kamele. Ein Hund bellte. Und von der Kaspisee her, aus Westen, kamen mit langsamem Flügelschlag weisse Geier. Das war alles. Die Steppe breitete sich aus in Ödnis, Schweigen, die Hitze war tödlich, die Nacht vereinigte sich mit diesem „Anfang Asiens“ zu einer düsteren Vision. Da tauchte, vor mir, in gerader Linie, unzweifelhaft also am Ende meines Wegs, der Gumbad-i-Gabus auf. Der Mongolenturm, Grabmal eines Khans, gigantisch und schlicht, und ich dachte nicht darüber nach, ob im Gehäuse seines spitzen Dachs noch der gläserne Sarg hänge, wie die Legende der Steppe es will. Mir genügte das überwältigende Wahrzeichen des Menschen, der die Armut und allen menschlichen Massen abholde Grösse der Steppe nicht gefürchtet hatte. Ich atmete tief, und versuchte, trotz allem, das Leben zu grüssen …

Die Gefangenen

Sie kauerten im Inneren des Turms, eine Handvoll Greise, und wagten die Köpfe nicht zu heben, als fürchteten sie, an eine niedrige Gefängnisdecke zu stossen. Und doch war der Turm unermesslich hoch, ein Mongolengrab, das ragende Wahrzeichen der Steppe. In seinem wunderbaren, aus Lehmziegeln fehlerlos und kühn errichteten Gewölbe glaubten die Söhne des Landes noch den gläsernen Sarg zu erblicken, den vor siebenhundert Jahren ein mächtiger Khan dort an silbernen Ketten hatte aufhängen lassen, damit er vor Schatzräubern und Feinden sicher sei.

Der Gumbad-i-Gabus! Man konnte ihn mit keinem anderen Bauwerk vergleichen, nicht mit den von Sklavenvölkern errichteten Pyramiden, nicht mit den Säulen von Persepolis oder den türkisblauen Minaretts von Herat, Prachtzeugen grosser Herrscher, noch weniger mit den Kreuzfahrer-Kathedralen, streitbaren Burgen, oder den von gläubigen Wallfahrern bezahlten goldenen Domen von Nedschef und Meschhed. Denn dieser Turm ist einsam, einsam – zu keinem Ruhm bestimmt, keiner Andacht und keinem Zweck geweiht. Die Steppenvölker kennen ihn, wie sie den Wind kennen von der Kaspisee, und die Karawanenspuren, und loben ihn, den Wegweiser, Tröster, Himmelssohn. Zugvögel streifen sein Haupt, Kamele grasen am Hügelfuss, und weithin, so weit der Blick reicht, ist es Nomaden-Reich, die Heimat schwarzer Zelte.

Jetzt haben ihn pflichttreue Beamte in Besitz genommen, sie tragen Uniformen und sind gebildet, und befehlen, requirieren, treiben Steuern ein in verbrieftem Namen, Gesetz und Recht! Und Fortschritt!

Die Alten im Turm sind Gefangene und verstehen nicht viel vom Wortlaut der Paragraphen. Aber sie erinnern sich an andere Tage; da besassen sie Waffen und schnelle Pferde, die Steppe dröhnte unter unbeschlagenen Hufen, im schimmernden, staubdurchzitterten Abendlicht breitete sich ringsum die grosse Freiheit aus, ein Meer goldener Wogen! Wie fröhlich wuchsen ihre Söhne auf!

Da verstummen sie, die armen Greise, und bewegen nur noch ängstlich die Lippen. Denn ihre Knaben sind schuld, ihr Stolz! Der Gendarm schreibt die Namen auf, die gefangenen Väter nicken geduldig und fast zärtlich: „Ja, dieser Ali Asker, der ist mein Sohn, und Jakub, das ist mein Jüngster, ein schöner, ein tapferer Reiter, die Frauen liebten ihn."

Der Uniformierte wird ungeduldig. Und schreibt auf, schreibt auf wie ein Schriftgelehrter und Pharisäer – die Alten sind längst verstummt. Da ist es verbrieft: Ihre Söhne, Freude und Stolz ihres Alters, Ali Asker und Jakub und viele andere, Angehörige des Stammes der Pendinischen Turkmenen, sind über die Grenze nach Sowjetrussland geflohen, haben sich den Steuern, dem Militärdienst und dem neuen Gesetz entzogen, weigerten sich, sesshaft zu werden, beriefen sich auf ungeschriebene Weiderechte, sind verlustig erklärt ihrer Herden und Zelte, schuldig erklärt und zahlen soundsoviel Toman und Rial Busse an die Staatsgewalt, *die Staatsgewalt!*

„Ihr aber, unselige Väter, werdet verantwortlich gemacht und festgehalten, bis jener dunkellockige Jakub zurückkehrt und bereut ..."

Die Greise haben nicht lesen und schreiben gelernt. Sie lassen sich die Hand führen und unterzeichnen ihre Schuld.

Man wird in der Turkmenensteppe bald keine schwarzen Zelte mehr finden, und keine bunten Satteltaschen, Teppiche, Zeltstreifen, keine unbeschlagenen Pferde. Dafür Baumwollfelder, Tabaktrocknereien, Textilfabriken, auch Schulen und Spitäler, Kasernen.

In einem Dorf nahe der russisch-iranischen Grenze – im Westen lag bleich das Ufer des Kaspischen Meeres, im Osten der Horizont der Turkmenensteppe – traf ich zwei blonde Gesellen, die sich anboten, den geplatzten Reifen meines Wagens zu flicken. Sie brachten mir Tee und Melonen, breiteten Werkzeug aus, machten sich fleissig an die Arbeit. Sie waren Russen und hiessen Iwan und Piotr. „Sie kommen vom Gumbad-i-Gabus, dem Mongolenturm?" fragten sie mich. Sie hatten den Turm nie gesehen, aber sie wussten: Dort war die Grenze ganz nahe, die Grenze von Sowjetrussland, ihrer Heimat.

„Seid Ihr Flüchtlinge?" fragte ich.

„Gewiss doch, Flüchtlinge, fromme Russen. Man wollte uns drüben zwingen, unserem Glauben abzuschwören, man wollte uns in eine Baumwoll-Kolchose stecken, zusammen mit armseligen, halbverhungerten Nomaden. Da liefen wir weg."

„Und hier?"

Iwan und Piotr haben Malariafieber und wohnen in einer alten Karawanserei, mit einem Samowar, einem goldenen Ikonenbild. Es geht ihnen nicht gut. Sie haben Heimweh.

Aber sie verstehen ihr Handwerk und montieren emsig, schweisstriefend mein repariertes Rad. Sie wünschen mir freundlich gute Reise. So freundlich sind sie, so treuherzig, so schicksalsfromm! „Nach Afghanistan?“ fragen sie, „vielleicht ist es dort anders, besser, ein gelobtes und freies Land?“ Und sie winken …

Nach Osten! Anderen Himmeln entgegen! Immer aber fahre ich dem Steppenrand entlang und weiss, dass dies die ewige, die grosse Grenze ist zwischen Iran und Turan, zwischen Herat und Samarkand, zwischen Hindukusch, Pamir und Oxus-Ufer – die Grenze zwischen den Hochländern, aufgerichtet vor dem gesegneten Indien und den Meeresküsten, und den unermesslichen Flächen Asiens.

Heute heisst dies: die russische Grenze zu Iran und Afghanistan. Es heisst: die Sozialistischen Sowjetrepubliken Turkmenistan, Usbekistan, Tadschikistan. Mitten im Pamir liegt Stalinabad, landen Flugzeuge, werden Zinnadern ausgebeutet; mitten in der grossen, wüstenähnlichen Steppe werden Kanäle gezogen und Felder bebaut; der Emir von Buchara lebt als Flüchtling und erblindet in einem afghanischen Dorf bei Kabul, seine Getreuen, Nomaden, Bauern, Feudalherren, folgen ihm über den Amu-Darja und nehmen ihre Schafherden mit sich. Ein Strom von Flüchtlingen ergiesst sich über die Grenze nach Afghanistan, wird aufgenommen, sesshaft gemacht, Land in der Wüste Seistans, Land im Hindukusch, Weiden, staatliche Baumwollfelder und Zuckerfabriken in Afghanisch-Turkestan.

Wohin man sich wendet, der Fortschritt ist unterwegs, Organisation ist notwendig, der Staat wird allgewaltig, man lernt lesen und schreiben, erhält Bürgerrechte, zahlt Steuern, tut Militärdienst, baut Strassen und stellt Kanonen auf.

Aus dem modernisierten, fortschrittlichen Iran flüchten namenlose Nomaden über die Steppe, die ihre Heimat ist, und wissen nicht, was sie drüben, in Sowjetrussland, erwartet. Aus den asiatischen Sowjetrepubliken fliehen Tausende nach Süden, über den Oxus-Strom, und werden vom afghanischen Staat aufgenommen, in neue Fabriken geschickt, bezahlt, angesiedelt, dem neuen Proletariat zugesellt. Da ergeben sie sich, und einer, ein blondbärtiger Russe aus Buchara, der im neuen, von deutschen Ingenieuren erbauten Kraftwerk von Pol-e Khomri angestellt ist, antwortet mir mürrisch: „Hier wird gearbeitet, die Arbeit wird bezahlt. Was wollen Sie mehr?"

Es ist nicht Ehrgeiz, was sie treibt; nicht Hoffnung, was sie anspornt. Aber der arme Mensch, der Gefangene, gewöhnt sich an vieles, an alles, und hält zäh am elenden Leben fest. Denn es gibt Gesetze, Fatalitäten – und sich aufzulehnen, den unnötigen Versuch zu wagen, den vergeblichen Tod zu sterben, ist wenigen gegeben. So sei ihnen eine Frist gegönnt, ihr Leben zu fristen!

Aber dies- und jenseits der Grenze, abseits von den neuen Strassen, liegen unberührte Felder, Sommerweiden, in goldenen Glanz und nachtklares Sternenlicht gekleidet. Dort fand ich noch Nomadenzelte und Herden freier, bewaffneter, gastfreundlicher Männer.

Niemandsland – zwischen Persien und Afghanistan

Meschhed liegt hinter uns. Vergessen wir die Stadt, über deren neuen, schnurgeraden Strassen und engen, gedeckten, halbdunklen Basargassen die goldene Kuppel des Grabmals von Imam Reza strahlt wie eine aus dem unbeweglich blauen Himmel niedergesunkene Glocke, wie ein im Mittag kreisendes und gleissendes Gestirn. Vergessen wir das unsterbliche Blau der Moschee Gohar Shad, die lastende Hitze in den von Farben- und Formenharmonie gleichsam klingenden Höfen; vergessen wir das Dunkel und die Spiegelpracht im Inneren des Heiligtums, und das Stöhnen und Weinen ausgemergelter Pilger, Schiiten aus allen Teilen Asiens, die Jahrzehnte ihres Lebens davon geträumt haben, die Gitterstäbe des Sarkophags zu küssen, und Wüstenstrecken zurückgelegt, Strapazen erduldet haben, um heute barfuss den Marmorboden zu betreten, die vierzehn silbernen und zwei goldenen Türen sich öffnen zu sehen. Da knien sie schluchzend, da klammern sie sich mit rauhen Schreien der Erschöpfung und hysterischer Lust an die Eisenstäbe, hinter denen im Dunkel der Imam ruht, zwischen modernden Teppichen, Turbanen, Votivgaben und heiligen Schriften. Draussen aber, rings um die weitläufige Moschee, sitzen in winzigen Buden wie in Käfigen die Handwerker, Kupfer- und Silberschmiede, Sattelmacher und Schneider, und in runden, mit staubigen Teppichen angefüllten Gewölben feilschen die Händler, und fünfzig Stufen tief geht der Schacht aus dem Basar hinunter in die Dämmerung der Zisterne; die zerlumpten Träger wanken unter der Last ihrer ledernen Wassersäcke. Vergessen wir die Stadt. Ein gewaltiger Wind weht über die Strasse, die nach Osten führt und zur Wüstenspur wird, alsbald ... Die strohgelben Felder, da und dort, verschwinden in der erbarmungswürdigen Trockenheit; noch sieht man von den kahlen Bergen Kanathügel, in langen Reihen in die Ebene geführt, die durstigen Krateröffnungen unterirdischer Kanäle, und von ihnen lebt ein Dorf, ein bisschen Grün um die Bienensiedlung runder, vor Hitze berstender Lehmkuppeln. Oder im Innenhof einer festungsartigen Karawanserei füllt das Kanatwasser eine Zisterne, und im gewölbten Raum daneben geben uns Männer Tee und Melonen.

Ja, auch hier leben noch Menschen – und Persien bietet uns eine letzte Überraschung wie ein Gastgeschenk, das uns freundlich stimmen soll, zum Abschied: Wir machen Halt, um zwei Uhr mittags, und sehen uns, in der Ortschaft Torbat, nach Schatten um – in der Mitte zweier sich rechtwinklig kreuzender Strassen ist der in jeder Stadt des neuen Iran obligate runde Platz angelegt, mit einem Polizeiposten, ein paar vertrockneten Beeten, ein wenig Sand und Kies. Ringsum nur verfallene Lehmmauern, Höhlen, menschliche Behausungen – aber irgendwo, über dem gelben Ruinenfeld, leuchtet Türkis –, und ein gewundener Pfad führt uns zum Tor einer Moschee, deren Reste noch alle Pracht und Anmut der Zeit von Schah Abbas dem Grossen wachrufen. Ein Garten zuerst, als Vorhof; das breite Fächergeäst einer Pinie gibt Schatten, und Gras wächst – uns scheint es weich und satt wie ein Teppich. Das Dreieck einer Kette im niedrigen Tor, ein Blinder, ein Wächter, ein paar Knaben –

und dann zwischen Büschen die lehmgelben und alabasterweissen Steine des Friedhofs, und bestürzend in den Himmel ragend das hohe Tor, das mit zarten Ranken in Blau und Türkis ausgeschmückte Mishrab. Daneben, durch eine Mauer halb verborgen, der grün gedeckte, leuchtende Dom eines Grabmals.

Schah Abbas, erzählt man uns, habe hier die alte Grabstätte eines Khans zerstören lassen, den er für einen Sunniten, einen Abtrünnigen vom rechten Glauben der Schiiten, hielt. Aber er hatte sich geirrt. Und reuig versprach er, nach Beendigung eines Feldzugs ein neues Heiligtum zu erbauen.

Wir hätten Lust, hier noch einmal nach persischer Art im Schatten zu liegen, die Augen im Blau, und Melonen zu essen. Aber ein Polizist weicht uns nicht mehr von der Seite, es ist verboten zu fotografieren. Er geleitet uns in den heissen Hof einer „Garage“, und wir sind froh, ein wenig Tee zu trinken und heil davonzukommen. Noch fast hundert Kilometer bis zur Grenze – und der Horizont wird grösser und leerer, der Wind stärker und heisser, die Berge am Rand der Ebene verlaufen sich, wir kreuzen trockene Flussbette. Wann kommt der Abend, ein wenig Kühle? Endlich ein Hügel, gekrönt vom Lehmviereck einer Festung, davor ein Soldat in hellblauer Uniform. Und gleich darauf, in der Mulde, das Dorf Pussusabad oder Karis – die Grenze.

Sieben Uhr abends. Man geleitet uns in einen grossen Hof, bringt uns Tee, Gurken, Trauben, Melonen, verspricht uns, den „Chef“ zu wecken. Im trüben Bassin, das den „Garten“ andeutet, holen wir Wasser für den siedendheissen Kühler unseres Wagens; die Formalitäten dauern lang, der Mond steht am lichtgrauen Himmel. Und man warnt uns, um diese Stunde allein weiterzufahren, in das Niemandsland … aber wir wollen die andere Seite erreichen, Islam Kale, den ersten Posten *Afghanistans.* Nach so vielen Grenzen, die wir berührt, überschritten haben – diesmal ist es *unsere* Grenze, die lang erwartete und ersehnte. Und drüben, jenseits des jetzt in Halbdunkel gehüllten Wüstenstreifens, liegt Afghanistan.

Was ist daran so wichtig und besonders? Scheiden sich hier zwei Erdteile? Wird das Gelb des Lehms, der hitzige Wind, der Aspekt der weit entfernten Randgebirge wechseln, werden die Ebenen weniger endlos, die Horizonte tröstlicher sein?

Die Grenzziehung hat sich hier oft verändert. Die erste grössere Stadt Afghanistans, noch 150 Kilometer von uns entfernt, ist *Herat,* die Kapitale der Timuriden, die die herrlichsten Minarette bewahrt. Denkmäler, so eindrucksvoll wie die von Samarkand. Herat, so hiess es, trennte das Reich des grossen Timur in seine indo-afghanische und seine iranische Hälfte. Von Balkh, dem alten Baktrien, führen die Strassen zum Oxus und hinüber nach Turkestan, hinunter nach Kandahar, Kabul und Indien – o Magie der Namen! Noch sehen wir die einsamen Lichter von Islam Kale nicht vor uns, noch tasten wir uns durch die Wüste, den Telegrafenpfählen entlang, und die Disteln knistern unter unseren Rädern. Keinerlei Spuren: Seit Tagen, vielleicht Wochen scheint hier kein Wagen durchgekommen zu sein, und wir erinnern uns, dass der ohnehin spärliche Grenzverkehr wegen Cholera gesperrt ist. Nur einigen Zufällen des Schicksals verdanken wir es, unterwegs zu sein zwischen den Ländern, und wir nennen sie glückliche Zufälle. Weisse

Vögel begleiten uns, Geier, auf lautlos segelnden Schwingen, und der Mond hat die gleiche Farbe. Es ist doch, endlich, ein wenig kühler geworden? Der Wind kommt vom Amu-Darja, aus Russland – und Sandhosen wirbeln nach Süden, der grossen Wüste zu, die bis nach Zainan, Seistan, Belutschistan reicht, bis an den Persischen Golf, und an deren Rand wir uns entlang bewegen. Wir löschen das Licht des Kilometerzählers …

Da sehe ich plötzlich, schon greifbar vor mir, drei weisse Gestalten. Weisse Turbane, weisse Zähne, weisse, flatternd gebauschte Hosen – und vorgestreckte Gewehre und rauhe Schreie zwingen mich anzuhalten. Dunkle Gesichter im Fensterrahmen des Wagens, die drei Burschen sprechen schnell, heftig, alle gleichzeitig auf uns ein, und wir lachen: „Ihr müsst Französisch mit uns sprechen, oder Deutsch." Einer wirft seine Flinte hinter unsere Sitze und klettert blitzschnell, ein gewandter, junger Hüne, in den Wagen. Er führt uns nach Islam Kale.

Ein wenig später liegen wir auf unseren Schlafsäcken auf dem Fussboden eines Zimmers in einem der Grenzgebäude. Kein Baum, denke ich, kein Garten, aber sicher doch eine Zisterne, und draussen in der Distelwüste Kamelherden und schwarze Zelte? Dann: Die Seidenstrasse hat hier vorbeigeführt – es ist die Route Marco Polos, der Soldaten Alexanders?

Vor unserem Fenster liegt auf einem Teppich ein weissgekleideter Afghane. Er streckt eine Hand aus und murmelt im Halbschlaf: „Hast du eine Zigarette?"

III
Die Frauen von Kabul

Ella Maillart im „Frauen-Garten“ des Bürgermeisters von Kaisar, Afghanistan, August 1939.

Herat, am 1. August 1939 …

Es ist nun einmal üblich, Briefe zu datieren, und wir haben mehrmals nachgerechnet und unsere Tagebücher miteinander verglichen: Heute ist fraglos der 1. August. Aber wann wird dieser Brief die Heimat erreichen? Werden dann die Freudenfeuer schon vergessen sein, und dieses Datum veraltet und ein wenig komisch wirken, in einer ans Radio gewöhnten Welt? Journalisten, Leute, die meinen, etwas in der Zeitung vermelden zu müssen, sollten schnell bei der Hand sein, und stets und überall Mittel und Wege finden … so lautet vielleicht das Urteil. Übrigens sind wir nicht so weit weg vom Amu-Darja, von der russischen Turkestan-Grenze, und dort drüben gibt es eine Bahn – aber was zählen schon, hier, Kilometerzahlen und Zeittabellen! In Meschhed sagte mir ein junger Iraner, als er hörte, dass wir mit unserem Fordauto nach Afghanistan weiter wollten: „Ein Kamel ist langsamer als ein Pferd, aber es kommt sicherer ans Ziel." Zwei Tage später blieben wir im Sand stecken, auf einer Strecke im Niemandsland nahe den iranisch-afghanischen Grenzposten, wo keine einzige Autospur zu sehen war. Es handelte sich, genau betrachtet, nur um zwanzig Meter Sand, aber jeder Meter kostete uns viel Schweiss und nahezu eine halbe Stunde – wir hätten gern, wenn kein Pferd, so doch ein Ochsenpaar zur Verfügung gehabt …

Kein Wunder also, dass wir heute, in Herat angekommen, allen Grund hätten, ein Augustfeuer anzuzünden, wäre es dafür nicht schlechthin zu heiss. Von den gelben Hügeln im Norden der Stadt weht unablässig ein erbarmungsloser

Wind; wir schliessen alle Fenster, um den Mittelraum unseres kleinen und völlig schattenlosen Hauses einigermassen kühl zu halten. Einen Monat lang dauert der Wind, sagen uns die Herater, dann beginnt ein angenehmer Herbst. Deshalb ist es besser, den Nachmittag über zu schlafen und den Abend abzuwarten.

Gegen fünf Uhr morgens bin ich aufgestanden, um den Ford zum Meister Mechaniker zu bringen; die Händler schlossen gerade ihre Buden auf, füllten die Körbe mit Trauben, stapelten Pyramiden von gelben und blassgrünen Melonen auf, gossen Milch in ausgespannte Schafhäute und streuten ein Pulver und ein wenig Mast vom Vortag hinein, um den frischen Mast, ihre Sauermilch, zum Gären zu bringen. Reiter trabten stadteinwärts, weisse Turbane flatterten, Esel schrien, und der Meister in einer Kula aus schönstem grauen Karakulpelz öffnete mir mit seinen Gehilfen das Tor seines Hofs, wo das Wrack eines abgetakelten Chevroletwagens vereinsamt in der Frühsonne lag. Unser Wagen hatte ziemlich viel hinter sich: Sandsturm, Distelwüste und mit grossen Kieselsteinen angefüllte Flussbette; ausserdem liess ich ihn, gestern noch, und gerade vor dem Haus des „Mudir", wo wir einen Besuch gemachten hatten, linkerhand über ein trügerisches Lehmbrücklein in einen ziemlich tiefen Graben fallen. Der Meister Mechaniker betastet die Federn, lächelt und verspricht, sein Bestes zu tun. Ich schaue ihm ein Stündchen lang zu – danach ist es, auf dem Heimweg, schon beinahe heiss. Also warten wir auf den Abend. Und wenn der Wagen fertig wird, fahren wir vielleicht noch nordwärts, und übernachten irgendwo im Gebirge, wo es Schatten, gutes Wasser und schwarze Nomadenzelte gibt.

Die Abende hier in Herat sind nicht eben kühl, aber von goldener Farbe, und der Mond schwebt bleich über dem Rand der alten, zerfressenen Stadtmauern aus gelbem Lehm und segelt dann zu den blauen Bergen, den phantastisch gezackten Ausläufern des Hindukusch. Die Basargassen füllen sich mit weissen Turbanen und würdigen Kulas, und die Strassen, die vor die Stadt hinaus führen, werden sanft erschüttert vom raschen Trab hübscher, feuriger Pferde vor zweirädrigen Gadis – sie streben zur Fichtenallee und zur Gartenoase im kahlen Hügelland. Dort oben stauen sich Kamele grosser Karawanen, und die Glocken dröhnen ...

Ein junger Pole besucht uns – der einzige Europäer in Herat, vom Staat angestellter Ingenieur, um Strassen und Brücken und Häuser zu bauen. „Haben Sie Zeitungen?" fragt er gleich, „wissen Sie, was in der Welt vorgeht?" Beim Himmel, nein, wir wissen so wenig wie er – gerade noch konnten wir das Datum errechnen, des Briefes wegen. Was macht die Politik? Aber wir sind vor der Politik davongelaufen! „Weit genug", murmelt der junge Pole, „weit genug!" – und schenkt mir dann eine Schachtel echter englischer Zigaretten. Ja, nun müsste ich genauer erklären, was ein solches Geschenk bedeutet, hier, am Ende der Welt. Aber es wird Abend, der Wind ist weniger heftig, das Licht weniger weiss: Wir wollen draussen, auf der Strasse, ein Gadi anhalten, wenn möglich mit einem Schimmel bespannt oder mit einem Schecken. Briefe haben Zeit, Zeit kostet nichts hierzulande – kehren wir zu den Melonen und Pfirsichen Afghanistans zurück.

Dreimal der Hindukusch

Reisende Journalisten pflegen untereinander zu sagen: „Bleibe sechs Wochen in einem Land, und du wirst unbeschwerten Gemüts ein Buch darüber schreiben. Bleibe sechs Monate, und du wirst mit Mühe ein paar Artikel fertigbringen. Wenn du sechs Jahre bleibst, dann schweigst du dich aus ..." Aber wenn die Regel gelten soll, dann sind Ausnahmen notwendig, und als ich zum ersten Mal, von Norden, aus der glutheissen Ebene Turkestans kommend, den Hindukusch erreichte und seine historischen und grandiosen Pässe überschritt, da war ich in Versuchung, eine Hymne zu schreiben und nichts anderes. Eine Hymne auf seinen Namen, denn Namen sind mehr als geographische Bezeichnungen, sind Klang und Farbe, Traum und Erinnerung, sind Geheimnis, Magie – und es ist nicht etwa ernüchternd, sondern ein wunderbarer Vorgang, wenn man sie eines Tages wiederfindet, beschwert mit Glanz und Schatten, Feuer und kalter Asche der Wirklichkeit. Pamir, Hindukusch, Karakorum – mir erging es nicht anders als früher, auf der Schulbank, wo ich mich eigensinnig zu glauben weigerte, dass die Namen, die ich lernte und auf der Landkarte las, Gestalt annehmen könnten, bevor ich sie mit Augen gesehen, mit meinem Atem berührt, gewissermassen mit Händen gegriffen hatte. Die Gleichzeitigkeit von Nähe und Ferne verwirrte mich; mir schien, Vergangenheit, Gegenwart und zukünftige Stunde dürften sich wohl an einem Ort vereinigt finden, um ihm den vollen Gehalt des Lebens zu geben; dass aber das Leben im selben Augenblick hier und dort, diesseits und jenseits der Meere und Gebirge herrsche, das schien mir ernsthafter Bedenken wert. Und solche Zweifel, die behoben sein wollten, haben vielleicht meine ersten Reisen bestimmt: Ich zog aus, nicht um das Fürchten zu lernen, sondern um den Gehalt der Namen zu prüfen und ihre Magie am eigenen Leibe zu spüren, wie man die wunderbare Kraft der Sonne im offenen Fenster spürt, die man doch schon lange auf fernen Hügeln sich spiegeln und auf taufrischen Wiesen liegen sah.

Diesmal also war es der Hindukusch, den ich erreichen musste, zweifellos, eines Tages, denn ich befand mich, von Persien kommend, in den nördlichen Provinzen Afghanistans und wollte nach Süden, um Kabul, die Hauptstadt, zu finden – und zwischen Norden und Süden dieses wilden Landes ist der Hindukusch aufgerichtet wie eine gewaltige Festung. Auch sah ich seinen Namen auf der englischen Karte eingezeichnet und folgte dem einzigen möglichen Weg: von Herat nach Kala-i-Nao, von Kala-i-Nao nach Bala Murgab, nach Mana und Andkhoi, und dann tauchten die Ruinen von Balkh am Wüstenrand auf, und eine sandige Piste endete in Masar-e Scherif, der Hauptstadt von Afghanisch-Turkestan. Jetzt war es nicht mehr weit, und ich hätte meiner Sache sicher sein sollen. Aber wie lange war ich schon unterwegs, und immer pflegten die Leute auf meine Fragen zu erwidern: „Nastik ast, bissjar nastik …“ – es ist nahe, ganz nahe! Zu Ross oder zu Fuss oder im Eselstrott und wiegenden Kamelschritt der Karawanen? Ein paar Tagesfahrten, ein paar Stunden? Vielleicht verlief die Piste im Sand wie die kleinen Flüsse, die vergebens dem grossen Amu-Darja zustrebten, vielleicht dehnte sich im Süden die Wüste aus wie im Norden, vielleicht dauerte die Augusthitze volle hundertzwanzig Tage wie der berühmte Nordwind von Herat, und vielleicht würde diese Reise am Rand der riesigen Niederungen Turkestans nie ein Ende nehmen.

Eines Nachts, erinnere ich mich, blieb ich mit zwei geplatzten Reifen zwischen den glutgesättigten und gespensterhaft stillen Gartenmauern eines Dorfes liegen, das sich in Ruinen und sonderbaren Lehmklippen zu verlieren schien wie im Labyrinth eines dantesken Hölleneingangs. Der Ort hiess Taschkurghan, und einige Stunden später liess der alarmierte Polizeichef meinen Wagen bis zum Tor eines Märchenpalasts eskortieren, der am Ende eines schier endlosen, sanft ansteigenden Gartens weiss im Mondlicht lag. Hinter der hohen Gartenmauer sah ich eine blaue, wunderbare, gleichsam dem Nachthimmel und nicht dieser Welt angehörende Gebirgskette. Dort, dachte ich, konnte es weder Fels noch Gras geben, keine Schluchten und Täler, keine Bäume, Weiden, Hirtenfeuer, keine Gletscher, keine Stürme. Alles war ebenmässige, samtige Materie, von zartem Dunst umkleidet, von Mondlicht durchtränkt und durchschienen, bis hinauf zum phantasievoll gezackten Kamm, der sich, wollte man ihn berühren, sicher auflösen und den milchigen Wolken vermählen würde. Ich nahm die schöne Vision entzückten Gemütes hin und war nicht neugierig, aber der Polizeichef von Taschkurghan liess es mich wissen: es sei, dort im Süden, die erste Kette des Hindukusch …

Das ist volle vier Monate her oder ein bisschen länger. Was bleibt zu sagen? Die Hymne! Die Hymne auf das Ende einer Mondnacht und die Strasse, die sich zwischen bröckelnden Lehmmauern hindurchwand und die in bleicher

Hitze agonisierenden Gärten hinter sich liess, in einer langen, lichtlosen Dämmerung aufwärts führte durch ein Tal mit flachen, nackten Abhängen, um im plötzlich und herrlich hervorbrechenden Morgenschein Haibak zu erreichen – Haibak, zwischen jungen Wiesen und sanften Hügeln, gelben Feldern, wiegenden Ähren, lächelnden Baumgruppen und einer alten Brücke über dem frisch rauschenden Fluss. Und dort, neben der Brücke, sassen fröhliche Weissbärte vor einem Tschaikhane, die Füsse auf der Strohmatte gekreuzt, neben sich die buntgesäumten Schnabelschuhe, der Samowar rauchte, und es gab grünen Tee, warmes Usbekenbrot und duftende Melonen; die Luft war kühl, und von den Bergen kam ein kleiner, verspielter Wind. Später, so erinnere ich mich, kam ein Pass und dann die feuchte, heisse Niederung von Pol-e Khomri voller Mückenschwärme, Wildenten und Wasserbüffel. Pol-e Khomri, wo hinter der vorspringenden Nase eines buddhistischen Ruinenhügels plötzlich die Welt sich verändert und mitten in der malariagesättigten Wildnis ein Staudamm auftaucht, Ziegelöfen, halb vollendete Fabrikgebäude, weisse, mit Wellblech gedeckte Häuser und was noch: Teestuben, Basarbuden, Zeltkolonien, persische, russische, deutsche Aufschriften, russische Flüchtlinge, deutsche Ingenieure. Und Usbeken, Turkmenen, Hazara, Tadschiken, Afghanen, zur Fabrikarbeit verurteilte Nomaden, zum Frondienst kommandierte Bauern – das seltsamste Gemisch von Rassen und Sprachen, das neue Proletariat eines der Zivilisation zustrebenden Staates. Und dies mitten im Hindukusch! Am Eingang der Provinz Badakhschan, berühmt wegen ihrer schönen, weissmäuligen Pferde, schon zu den Zeiten der Tang-Kaiser und Dschingis-Khans und bis heute!

Hinter Pol-e Khomri wurden die Hügel steiler, die Felsen rückten zusammen, Schluchten taten sich auf, Schatten breiteten sich aus. In unwahrscheinlicher Höhe erblickte man feuerumspielte Bergspitzen, eine blaue Himmelsfahne und blieb Stunde um Stunde gefangen in der düsteren Enge, wo die Karawanen der Uferböschung entlangglitten wie Schatten und schlitzäugige Eseltreiber unter Felsen riesige Feuer anzündeten für eine lange Nacht. Es wurde Morgen und wieder Abend, Tee in Doshi, Forellen und kalter Wind in Bulula, schwarze Nomadenzelte, die letzten turkmenischen Jurten, die ersten langhaarigen, glutäugigen, mit Ohrringen geschmückten und Paschto sprechenden Männer afghanischer Stämme. Und endlich der Schibar-Pass, so steil und kahl und eindrucksvoll, dass manchmal behauptet wird, dies sei die höchste für Automobile befahrbare Strasse der Erde. Jedenfalls aber führt er hinüber, hinüber zu den Südhängen des Hindukusch und hinab in ein Tal von seltener Lieblichkeit. Ja, hier ist eine mildere Erde, und es gibt Dörfer, es gibt Herden, es gibt duftendes Heu, die grossen Winde bleiben zurück, der Atem der Wüste ist gebannt …

Das war vor vier Monaten, sagte ich, oder ein wenig früher. Ich glaubte, damals, es sei meine einzige, meine endgültige Begegnung mit dem grossen Hindukusch und ich liesse mit jedem Schritt einen Flecken, ein Büschel Gras, einen Atemzug voll Wind, eine Erfahrung hinter mir, für immer. Was zähle ich Namen auf, von Dörfern, Pässen, Stämmen – ich vergass sie, löschte sie aus und glitt durch meinen Hindukusch-Traum wie durch Abenddämmerung, Frühnebel und die hohen Stunden des von starker, gleissender Sonne berauschten Mittags. Und dies alles blieb zurück, ich hatte schon Abschied genommen, als ich in die Ebene von Kabul einbog, die Wochen vergingen ungezählt, es wurde Herbst.

Da fand ich mich eines Morgens wieder unterwegs nach Turkestan. Aufgebrochen noch in der letzten Nachtstunde, sah ich in der Dämmerung das ferne Gebirge auftauchen, blau, kalt, schneegekrönt, und herrlich anzusehen. „Zum zweiten Mal der Hindukusch“, wusste ich – jetzt aber zählten alle Namen und blieben haften, ich entdeckte mehr Täler, mehr Gipfel, und es stimmte mich hoch und freudig, als ich gegen Mittag einen Baumgarten wiederfand, wo ich schon einmal gelagert hatte, und am ringsum von kleinen Teestuben umgebenen Platz von Ghorband einen jungen Händler, der mir damals Trauben und Melonen verkauft hatte und jetzt hundertzwanzig Walnüsse an den Fingern abzählte, für einen Afghani. Aber obwohl meine Erinnerung geweckt wurde und zärtlich belebt durch schöne Ausblicke, die schon einmal geträumt, und Melodien, die schon einmal erklungen waren, so schien mir doch, dieses grosse Panorama des Hindukusch sei ein anderes, denn ich fuhr nach Norden, den Stürmen entgegen, den von schleichenden Sandwolken verhüllten, bereits von bitterer Kälte heimgesuchten Tiefebenen Turkestans, der Grenze Russlands. Die Reise war streng, mein Herz frohlockte diesmal nicht, als ich mich ihrem Ziel näherte. Und die Gärten von Taschkurghan, ich wusste es jetzt, waren eine letzte, der gnadenlosen Wüste entrissene, am Fuss des Gebirges geborgene Oase …

Diese Wüste ist furchtbar, ein sterbendes Land. Soweit ich auch nach Norden ging, dem unsichtbaren Oxus-Fluss und der verbotenen russischen Grenze entgegen – die Spuren des Todes, Skelette, Tonscherben und die windzerfressenen Ruinenhügel begrabener Städte, Festungen, Friedhöfe, hörten nicht auf. Wassermangel, Einbrüche nomadischer Horden ... Gegen Abend, in der immer wie von fernen Gestirnen milchig durchtränkten Dunkelheit, wandte ich mich manchmal nach Süden, trostsuchend, und begegnete der nun vertraut gewordenen blauen Gebirgskette. Ihre Wirklichkeit war erwiesen, ihr magischer Name blieb lebendig wie ein mächtiger Herzschlag. Und oben, in den höchsten noch sichtbaren Schluchten, brannten jede Nacht grosse Feuer. Wer wärmte sich daran?

Man sollte meinen, die Rückreise über den Hindukusch auf demselben Weg sei ein sehr gewöhnliches, ja vielleicht langweiliges Unternehmen geworden. Taschkurghan und Haibak, Doab und Doshi ..., aber die Nächte waren länger und kälter, um vier Uhr waren die Sterne unbeweglich, wie gefroren in blauem Glorienschein, um sechs Uhr begann eine graue Dämmerung, die sich in den Engschluchten von Doab mit dem düsteren Tag zu vereinigen schien, als sollte die Sonne nie mehr scheinen; dafür war die gleissende Pracht der Schneeflächen am Schibar-Pass beinahe tödlich für Auge und Herz der Sterblichen. Und drüben, am Südhang, knieten Hunderte im Turban und wehenden Hemd auf der Kiesbank am Fluss, denn es war das Ende des Fastenmonats Ramadan und ein grosser Festtag.

Im grossartigen und wechselvollen Gemälde des Hindukusch fehlt mir das junge Grün, der sanfte Wind, der rührende Gesang des Frühlings. Aber man bestimmt seine Träume nicht, und ich wagte es nicht, mich umzublicken nach den versinkenden Schneegipfeln, als ich in die Ebene einbog: Es ist nicht an mir, Gruss und Abschied zu bestimmen und die Grenze zu ziehen zwischen Wirklichkeit und Vision.

Mir bleibt die Magie, der Name, das wunderbar berührte Herz.

Im Garten der schönen Mädchen von Kaisar

Ella [Maillart] und ich hatten bisher nur theoretische Gespräche über die Frauen Afghanistans führen können. Seit mehreren Wochen in diesem streng mohammedanischen Land, hatten wir uns mit Bauern und städtischen Beamten, Soldaten, Basarhändlern und Provinzgouverneuren angefreundet, waren überall gastfreundlich aufgenommen worden und begannen, dieses männliche, fröhliche und unverdorbene Volk liebzugewinnen. In der prächtigen alten Stadt Herat hatten wir den Fechterspielen und dem gemeinsamen Gebet der Jünglinge zugesehen, die sich abends vor dem Tor auf einem Rasenplatz versammelten. Unterwegs auf langen schattenlosen Strecken, wenn wir Halt machten, gesellten sich schlichte Bauern zu uns und teilten mit uns ihre Melonen. Nie hatten wir es nötig, unser Zelt aufzuschlagen und unsere Suppe selber zu kochen. Wir wurden in den Dörfern vom Bürgermeister begrüsst, mit Tee und Trauben bewirtet. Am Abend führte man uns in schöne Gärten, aufmerksame Diener trugen den Pilaf, das einheimische Reisgericht, auf, und während wir assen, kam der Gastgeber mit seinem Gefolge, um uns seinen Besuch zu machen, und unterhielt sich oft lange und eingehend mit uns.

Aber wir schienen in einem Land ohne Frauen zu sein! Wir kannten wohl den Tschador, das alles verhüllende Faltengewand der Mohammedanerinnen, das mit der romantischen Vorstellung vom zarten Schleier orientalischer Prinzessinen wenig gemein hat. Es umschliesst eng den Kopf und ist vor dem Gesicht wie ein Gitterchen durchbrochen und fällt dann in weiten Falten bis zur Erde, kaum die gestickte Spitze und den schiefgetretenen Absatz der Pantoffeln frei lassend. Wir hatten solche vermummten, formlosen Gestalten scheu durch die Basargassen huschen sehen und wussten, dass sie die Frauen der stolzen, frei einherschreitenden Afghanen waren, die ihrerseits die Gesellschaft und das fröhliche Gespräch liebten und den halben Tag nichtstuend im Teehaus und Basar verbrachten. Aber diese gespenstischen Erscheinungen hatten wenig Menschliches an sich. Waren es Mädchen, Mütter, Greisinnen, waren sie jung oder alt, froh oder traurig, schön oder hässlich? Wie lebten sie, mit was beschäftigten sie sich, wem galt ihre Anteilnahme, ihre Liebe oder ihr Hass? In der Türkei, auch im Iran hatten wir Schülerinnen, Pfadfinderinnen, Studentinnen gesehen, auch selbständige, erwerbstätige Frauen oder solche, die auf sozialem Gebiete etwas leisteten und bereits das Gesicht ihrer Nation mitbestimmten, aus dem Leben dieser Nation nicht mehr wegzudenken waren. Wir wussten, dass der junge König Amanullah, von einer europäischen Reise zurückgekehrt, in Afghanistan überstürzte Reformen eingeführt und versucht hatte, dem Beispiel vor allem der Türkei zu folgen. Er war zu rasch vorgegangen. Am meisten warf man ihm die Emanzipation der Frau vor. Während einiger Wochen war in der Hauptstadt Kabul der Tschador gefallen; dann brach die Revolution aus, die Frauen kehrten in den Harem, in ihr streng abgeschlossenes häusliches Leben, zurück und durften sich auf der Strasse nur noch im Schleier zeigen.

Waren die Ansätze zur Freiheit vergessen, die wenigen Wochen des Jahres 1929 aus dem Gedächtnis der Frauen verschwunden? Als wir einmal Gäste eines jungen, aufgeschlossenen und klugen Gouverneurs irgendwo im Norden waren, wagte Ella [Maillart] die Frage. Unser Gastgeber hatte viel Verständnis für die Notwendigkeiten des afghanischen Staates gezeigt und hatte davon gesprochen, wie der Bau von Strassen das Land dem Verkehr öffnen werde, wie dann Industrien eingeführt, aber auch Schulen und Spitäler eingerichtet würden. Konnte man die Frauen von einem solchen Programm des Fortschritts ausschliessen? Mussten sie nicht teilhaben am neuen Leben und befreit werden aus der abstumpfenden Beschränktheit ihres Daseins? Der Gouverneur antwortete uns ausweichend. Als wir höflich fragten, ob wir seine Frau besuchen dürften, sagte er zwar zu, fand dann aber eine Ausrede.

Erst in Kaisar, einem kleinen Oasenort in der nördlichen Provinz Turkestan, wurden wir zu unserer nicht geringen Überraschung vom Hakim Saib, dem Herrn Bürgermeister selbst, ohne viel Umstände durch ein Pförtchen in den inneren Garten seines Hauses geführt, den Garten seiner Frauen und Töchter. Zwei junge Mädchen in Sommerkleidern, das dunkle Haar von einem luftigen, zarten Schleier eingehüllt, kamen uns lächelnd entgegen. Sie waren beide auffallend schön – und schön war auch die stattliche, ernst und freundlich blickende Mutter, die uns unter den grossen Bäumen begrüsste, wo Teppiche ausgebreitet waren. Dort spielten die Kinder, jüngere Geschwister, und das blonde Bübchen der Schwiegertochter Sara. Ihr zweites Kind schlief in einer Hängematte im Schatten. Ein wenig abseits, unter dem Vordach des einfachen Lehmhauses, stand der Samowar; man brachte uns zuerst ein Waschbekken und Handtücher, dann Tee und Früchte. Eine Stunde später folgte der Pilaf. Die Mutter ass mit uns nach europäischer Manier am Tisch. Die Töchter bedienten uns und assen dann mit den Kindern auf dem Teppich, alle aus der gleichen riesigen Reisschüssel – und mit den Fingern. Zuletzt assen die Dienerinnen die reichlichen Reste. Während die Familie des Hakim die schönen und strengen Gesichtszüge der Afghanen hatte, waren die Dienerinnen offenbar mongolischer Rasse, vielleicht Turkmeninnen oder Usbekinnen.

Nach dem Essen brachte man uns seidene Matratzen und Moskitonetze, aber wir kamen nicht dazu, uns auszuruhen. Obwohl die Mädchen kaum ein Wort Französisch konnten und wir nur ein paar Brocken Persisch, unterhielten wir uns doch ganz lebhaft. Sie brachten uns einen hellblauen Seidenstoff und eine Schere und wollten, dass wir ihnen ein Kleid zuschnitten. Wir wagten uns aber nicht daran und versprachen, ihnen von Kabul aus französische Zeitschriften mit Schnittmustern und Modebeilagen zu schicken. Kabul war für die Frauen von Kaisar schon die grosse Welt, die Zivilisation. Und doch waren sie – zu Hause natürlich – im Lesen und Schreiben unterrichtet worden und wussten, wo Indien, Moskau, Paris lag – ja, sogar die Schweiz war ihnen ein Begriff. Aber sie hatten nie eine Reise gemacht. Sie konnten sich nicht vorstellen, dass sie jemals weiter gelangen würden als bis nach Masar-e Scherif, der Hauptstadt von Afghanisch-Turkestan. Hatten sie überhaupt den Wunsch, die Welt kennenzulernen, ein anderes Leben zu führen? Oder würden sie immer im schattigen, von hohen Lehmmauern umschlossenen Garten von Kaisar bleiben, unter der patriarchalisch strengen Aufsicht ihrer Mutter und Herrin?

Gegen Abend, als es ein wenig kühler wurde, liess uns der Hakim rufen. Der kleine blonde Jakub durfte uns bis zum Auto begleiten; die Mädchen aber blieben an der Gartenpforte zurück.

Es waren zweifellos kluge, ja begabte und anmutige Mädchen. Wir erinnerten uns an ihr Lächeln, an ihren wachen und freundlichen Gesichtsausdruck. Nur die junge Schwiegertochter hatte manchmal herb und fast böse dreingesehen, während sie ihren Säugling aus der Hängematte nahm und ihm die Brust gab. Sie war hier, in der Familie ihres Gatten, eben doch unter Fremden, hatte keinen eigenen Hausstand und hatte keinerlei Freiheit noch Rechte.

Wenn diese Mädchen den Garten verliessen, trugen sie den Tschador – und sahen die Welt draussen nur durch das durchbrochene Gitterchen, das ihr Gesicht neugierigen Männeraugen verbarg.

Ein solches Leben konnten wir uns kaum vorstellen. Aber waren diese Frauen etwa besonders unglücklich? Man kann nur begehren, was man kennt. Und war es richtig, nötig, sie zu bilden und aufzuklären und ihnen den Stachel der Unzufriedenheit zu geben? Aber wir lernten bald, dass diese Frage sich gar nicht stellt. Afghanistan entwickelt sich heute nach jenen fatalen Gesetzen, die man Fortschritt nennt und deren Verlauf man nicht aufhalten kann. Als wir von Kabul aus die versprochenen Schnittmuster nach Kaisar schickten, leisteten wir auch einen winzigen Beitrag zu den Folgen dieser Gesetze. Wir bekämpften den Tschador!

Die Frauen von Kabul

Im Männerspital von Kabul, im dürftigen, von einem altertümlichen elektrischen Ofen schlecht geheizten Zimmer der Schweizer Oberschwester, lernte ich die Frau kennen. Sie war in einer Gadi gekommen, einer der kleinen, zweirädrigen, von munter trabenden Pferden gezogenen Droschken, die in der Hauptstadt Afghanistans durch die engsten Basargassen dringen, man weiss nicht, wie. Sie trug den Tschador, den dichten grauen Schleier, der den Kopf wie ein Häubchen umschliesst und dann in weiten Falten über die Schultern bis zum Boden fällt – das verhüllende Kleidungsstück der Afghanin. Sie aber war keine Afghanin, sondern war in der Normandie am Meeresufer aufgewachsen, ein glückliches Kind mit blonden Zöpfen, befreundet mit ihren Brüdern, mit dem Hofhund und den schwerhufigen Pferden und scheckigen, trägen Kühen, mit dem rauschenden Brunnen, den Klippen, dem Strand, den herben Winden ihrer französischen Heimat. Sie reichte mir ein wenig scheu die Hand. Vielleicht zeigte ich nicht genug Unbefangenheit, ich hatte mit einem lähmenden Gefühl des Schreckens, fast des Abscheus, die traurige, gespenstische Figur eintreten sehen – und kannte doch diesen Anblick schon lange. Denn natürlich gleichen sie sich alle, die afghanischen Frauen, in den Basaren, den staubigen Strassen der Städte und Dörfer, in den ummauerten Gärten der Privathäuser. Ich wusste nur, dass die Jüdinnen einen schwarzen Tschador tragen, die Afghaninnen graue oder hellblaue, und es mag noch andere Unterschiede geben: unter dem Schleierrand die aufgebogenen Spitzen der Bäuerinnen, die schief getretenen Absätze der Armen, die bestickten Sammetsandalen reicher Damen. Aber man möchte ein Gesicht sehen – lebhafte Augen, einen schönen Mund, ein Lächeln, und begegnet immer nur dem vorüberhuschenden Gitterchen und weiss: Die ängstlichen, hilflosen Geschöpfe können durch dieses Gitterchen kaum genug sehen, um den schwankenden Kamelen, den klingelnden Gadi-Pferdchen, den fröhlich und kräftig einherschreitenden Männern auszuweichen – sie leben *in ständiger Furcht.*

Die Frau, als sie sich überzeugt hatte, dass ich kein Junge war, legte mit unbeholfener Geste ihren Tschador ab. Darunter war sie europäisch, aber nicht sehr geschmackvoll und etwas schlampig gekleidet. Wir tranken zu dritt unseren Tee, ziemlich schweigsam. Dabei hätte ich hundert Fragen stellen mögen: Warum haben Sie einen Afghanen geheiratet? Gewiss, er ist von vornehmer Herkunft, mit einem Minister des königlichen Hofes verwandt, hat in Paris studiert und nimmt jetzt schon einen hohen Posten in der Postverwaltung ein. Er ist auch liebenswürdig, vielleicht haben Sie ihn damals geliebt, oder hängen noch an ihm, oder an Ihrem Kind, diesem dunkelhäutigen, ungebärdigen, anmassenden kleinen Knaben, der Ihnen so gar nicht gleicht – wussten Sie davon nichts? Was haben Sie sich unter dem schönen Namen Afghanistan vorgestellt, der äussersten Fremde, als Sie, kaum zwanzigjährig, sich in dieses unbekannte, vielleicht eben deshalb unerhört verlockende Schicksal stürzten und allzu leichten Herzens Abschied nahmen von allem Vertrauten? Ich hätte auch gern erfahren, wie es in einem afghanischen Haushalt zugeht, wo Mutter und

Schwiegertöchter, Schwägerinnen, Schwestern und arme Verwandte zusammen leben, sich vom Nichtstun nähren, ein wenig sticken und sehr viel Tee trinken, Süssigkeiten essen, plaudern und – so viel hatte ich schon festgestellt – nicht einmal fähig sind, sich um ihre Kinder zu kümmern. Der trostlosen Unordnung eines solchen Hauses, der Aufsässigkeit fauler Dienerinnen, der ungezogenen Frechheit der bald schon die Frauen verachtenden Buben, dem Schmutz, der allgemeinen Verschlamptheit, der Langeweile stehen die Frauen hilflos gegenüber; sie wissen gar nicht, dass man anders leben kann. War es denn denkbar, dass ein in Europa aufgewachsenes Mädchen dies alles ertrug, ja mitmachte, akzeptierte und in der Agonie der schleichenden, jeden Augenblick unwiederbringlich verlorenen Zeit versank? Dass es Tag für Tag diese Existenz teilte, eine ebenso böse Zunge hatte wie die Schwägerinnen und Nachbarinnen, an der Tyrannei der Grossmutter, den endlosen Klatschereien mitwirkte und vergass, dass draussen, nur ein paar Schritte ausserhalb der Hofmauern, ein lichter Himmel sich über Gärten und Dächer und Gassen und Wiesen ausbreitete, und über eine herrlich sich erneuernde, Trost und Leben spendende Erde? Hatte sie dies alles vergessen?

Unsere Gastgeberin, die Krankenschwester aus der Schweiz, gab sich Mühe, die Unterhaltung zu führen. Sie sprach von ihrer Arbeit: Als einzige Europäerin, und einzige Frau, hatte sie fünfzig Pfleger und 120 Kranke zu beaufsichtigen, musste mit dem Gesundheitsministerium kämpfen, um nur ein Fieberthermometer oder gar Alkohol zu bekommen, denn Alkohol ist in diesem streng mohammedanischen Land verboten. Sie musste das Essen täglich selber kontrollieren, das in einer Lehmbaracke ausserhalb des Spitals gekocht wurde, und musste dreinfahren, wenn ein klagender und betender Verwandtschaftsklan sich um das Bett eines fiebernden Patienten versammelte, musste die Pfleger davon überzeugen, dass man Betten täglich machen und Schwerkranke auskleiden und waschen müsse; sie assistierte bei jeder Operation, machte jede Spritze selbst. Zu Hause, am Bielersee, hatte sie zwei Buben, die von den Grosseltern betreut wurden und für deren Zukunft sie hier in Kabul Geld verdiente. Während die Schwester erzählte, anspruchslos, als sei es selbstverständlich, dass man anständig lebe und einmal auf sich genommene Pflichten, ein ganz schwieriges Dasein zu Ende führe, beobachtete ich den schweigsamen Gast. Sie ass unentwegt Kuchen, tauchte die Stücke in ihre Teetasse; ihr leicht aufgeschwemmtes, seltsam ausdrucksloses Gesicht hätte fast ebensogut unter dem Schleier verborgen sein können. „Wie geht es Ihrem Buben?“ fragte die Schwester sie. Da brach sie plötzlich und lautlos in Tränen aus. Bald darauf kam ihr Mann, um sie abzuholen. Sie zog hastig den Tschador an und ging.

Ich fragte die Schwester gar nicht, ob eine afghanische Frau sich nicht scheiden lassen könne. Es war zu deutlich, dass die arme Frau den Mut nicht mehr haben würde, den Tschador endgültig abzulegen. Die Stumpfheit ihres flachen, ziemlich hübschen Gesichts war schon orientalisch, gealtert oder alterslos; selbst als sie weinte, war, was sich zeigte, nur Elend, keine echte Trauer, keine Reue, kein ungebrochener Trotz.

Ich hatte später Gelegenheit, Afghaninnen kennenzulernen – mit und ohne Tschador. Die meisten glichen sich so, dass ich sie in meiner Erinnerung nicht voneinander unterscheiden kann. Aber ich traf auch Kinder an, denn im gleichen Herbst, dem des vergangenen Jahres, eröffnete die Regierung in Kabul die erste Mädchenschule und engagierte ein paar tüchtige Frauen – die Gattinnen der Professoren der französischen Schule – als Lehrerinnen. Will man erfahren, wie es um ein Volk bestellt ist, so soll man sich an die Jugend wenden: Da ist noch nichts entstellt, ihre Äusserungen sind noch von keiner Konvention festgelegt, von keiner Gewohnheit abgestumpft, von keinen äusseren Daseinsbedingungen und Abhängigkeiten bestimmt, da äussern sich noch in schöner Unbefangenheit Fähigkeiten und Lebensfreude. Die kleinen Schülerinnen von Kabul waren sehr begabte, lebhafte, aufnahmebereite Geschöpfe, den Buben gewachsen, hübsch und mit so strahlenden Augen, dass es schwer war, sich vorzustellen, diese schmalen Figürchen und aufmerksamen zarten Gesichtchen würden jemals in den Schatten der Haremsmauern, in die trübe Gefangenschaft des Tschadors verbannt werden.

Wir mögen heute in Europa skeptisch geworden sein gegenüber den Schlagworten von Freiheit, Verantwortung, gleichem Recht für alle und dergleichen mehr. Aber es genügt, die dumpfe Knechtschaft von nahem gesehen zu haben, die aus Gottes Geschöpfen freudlose, angsterfüllte Wesen macht – und man wird die Entmutigung abschütteln wie einen bösen Traum, und wieder der Vernunft das Wort reden, die uns auffordert, an die schlichten Ziele eines menschenwürdigen Daseins zu glauben und sich dafür einzusetzen.

IV
Das Oxus-Ufer

Blick zum Stadttor von Ghasni, Afghanistan, Dezember 1939.

Das Nachbardorf

Im Hof, vor den drei Kuppeln aus ungebrannten Lehmziegeln, die unserer Expedition als Wohnung dienen, haben afghanische Soldaten ihr Zelt aufgeschlagen. Ein dünnes und jämmerliches Zelt, staubgelb wie die Uniformen und wie die Wüste ringsum, flatternd in jedem Wind, wenn es nicht schwer wird durch einen nächtlichen Regenschauer und zusammensackt wie eine schlaffe Kuhhaut. Die Soldaten, es sind ihrer drei, tragen Wickelgamaschen, aber keine Strümpfe, und niedrige einheimische Schnabelschuhe; sie tun keinen Schritt, ohne sich Gewehr und Patronengürtel kreuzweise über die dürftigen Schultern zu hängen, und wenn die Sonne sticht, ziehen sie den Helm aus und winden sich ein schmutziges Turbantuch um den Kopf. Sie halten sich in sicherer Entfernung von unserem Schäferhund, der neben einem der sechsrädrigen Expeditionswagen an der Kette liegt, und sie lassen sich von den Dorfleuten ernähren und bedienen. Wir bezahlen, was man uns bringt: Usbekenbrot und Trauben, Milch, Eier und magere Hühner, und natürlich auch das Brennholz. Die Soldaten, ihrerseits, lassen es sich jeden Abend wohl sein bei der dampfenden Reisschüssel, trinken Tee den lieben langen Tag, und tun nicht dergleichen. Requisition heisst das, und sie mögen denken: „unter Brüdern" oder „heute ich, morgen du", denn sie sind selber arme Teufel, Mongolen, die in ihren Dörfern oben im Hazaradjat nicht viel zu beissen haben und Militärdienst tun vielleicht aus Not, anstelle eines anderen, der sie dafür bezahlt. Das stimmt sie nicht milder gegen ihre armen

Brüder, die Tadschiken unseres Dorfs in Turkestan. Das Land übrigens, dieser öde und windgepeitschte Wüstenstreifen im äussersten Norden, an der Grenze Russlands, kann den Hazara-Soldaten nicht gefallen, der Dienst auch nicht. Sie überwachen uns misstrauisch – was haben wir, die Fremden, hier zu suchen? Auf Wüstenpisten und Scherbenhügeln und heidnischen Stätten? Nur um ihnen das Leben schwer und den Tag sauer zu machen, denn sie müssen uns folgen, wohin wir auch gehen, und Staub schlucken und im eisigen Wind sitzen oder im Regen oder in der jäh hervorbrechenden, stechenden Mittagssonne, und sie müssen, wie wir, den blendenden Anblick eines flachen, uferlosen, von spiegelnden Luftwellen unaufhörlich überfluteten Horizonts ertragen ... Aber vielleicht irre ich mich? Vielleicht sind sie, diese frierenden Burschen, gar nicht übelnehmerisch, noch rachsüchtig, noch auch nur neugierig? Vielleicht haben sie kein Heimweh nach ihren Tälern, jeder Rock sitzt ihnen, und jede Reisschüssel ist ihnen recht, wenn sie nur nicht dafür bezahlen müssen; der grosse Horizont kann ihnen nichts anhaben, sie sehen ihn nicht einmal, jedenfalls nicht mit unseren Augen – und wir, wir sind ihnen nur gleichgültig?

Wie dem auch sei, wir haben einander nichts vorzuhalten, keiner kann den anderen beneiden um eine leichter verbrachte Stunde, wir schlucken alle den gleichen Staub, bieten dem gleichen Wind die Stirn – wir und die drei Uniformierten, und die Tadschiken auf ihren kargen Äkkern, in ihren fensterlosen Hütten, in ihren toten Gassen. Und ich laufe, laufe durch diese Gassen, engen Korridore zwischen gelben, hohen, zerfressenen Lehmmauern; ich will das Freie gewinnen, will einen tiefen Atemzug tun, und schaue mich nicht um, ob mir, wie gewöhnlich, einer der Soldaten folgt. Aber es folgt mir keiner, in den Gassen ist niemand, und nur von den Dächern herab, von allen Seiten, überfällt mich das wütende Gebell der Schäferhunde, gelber Bestien mit beschnittenen Ohren, struppigem Fell, breitem, entblösstem Gebiss – bereit, sich in die Gasse zu werfen, mir entgegen. Ich bleibe stehen, raffe den Mantel zusammen, sie stutzen einen Augenblick vor der drohenden Geste, und ich laufe weiter. Ein kleiner Platz, ein Baum, der Kanal, und Kinder, die mit Schafsknöchelchen spielen. Keine Antwort auf meinen Gruss, und wieder Mauern, atemlose Enge, totenähnliche Stille. Da ist das Dorf zu Ende, die Welt öffnet sich, Himmel und Erde sind eins! Nicht dass hier draussen der Himmel heiter wäre, und die Erde fruchtbar und lieblich. Nicht dass es fette Weiden gäbe, und sanftes Grün, einen murmelnden Bach, einen Birkenhain, und gesegnete Sonne, gesegneten Wind – nicht dass das Herz leichter würde. Unser Dorf ist von der Wüste umgeben, ist der letzte von Menschen noch notdürftig bewohnte Ort auf einer grossen Ruinenstätte. Und die Wüste wächst, von Norden kommend, und was ich sehe, wohin ich mich auch wende, ist sterbendes Land. Ja, unser Dorf ist schon erfasst von der unaufhaltsamen Zerstörung wie von einer ansteckenden Krankheit – darum der Staubgeruch in seinen Gassen, darum die bröckelnden Mauern, die leeren Kuppeln, darum die dürftigen Feuer am Abend und der Geisterschein des Monds ... Und die Leichenbittermienen seiner Bewohner, der bleichen Tadschiken, ihr freudloser Gruss, ihr scheuer und hastiger Gang – von welcher

Hoffnung sollen sie sich nähren, sich und ihre Kinder? Bald wird das Dorf verlassen sein, vielleicht in zwanzig, vielleicht in hundert Jahren. Eine Ruine mehr, ein paar Erdwellen, wo die Kuppelhäuschen standen, eine Mondspur, der ausgetrocknete Kanal, und alles dem Wind preisgegeben, vom Wind geglättet und unaufhörlich mit neuem Staub zugedeckt wie von einem fleissigen Gärtner, der seinen Garten wartet und begiesst, morgens und abends ... Und ich gehe und habe das Freie gewonnen, der Horizont ist weit und die Nachmittagssonne treibt ein gleissendes Spiel, aber ich bin noch immer in den Ruinen, auf dem festgestampften Boden der versunkenen Stadt, und die Anhöhe, die ich erklimme, war ihre stolze Zitadelle. Tiefe Gräben führen auf allen Seiten in die Leere hinaus, das waren einst die lebensspendenden Kanäle. Sanfte Grabhügel verteilen sich wie die kleinen Wogen der steigenden Flut – einst Häuser, Scheunen und Ställe; grosse Vierecke zeichnen sich ab, die Mauern noch sichtbar – einst die Karawansereien, angefüllt mit dem dröhnenden Glockenklang der Kamele, und mit Warenballen aus Antiochia, aus Täbris, Trabzon, aus Indien, aus China! Die Seidenstrasse, o schweifender Gedanke! Und ich schaue mich um, und es bleibt nichts, die Glocken sind begraben, die Zisternen eingestürzt, die Altäre kalt. Man ist in diesem gnadenlosen Land versucht zu glauben, der Erdball sei dem Erlöschen nahe und rolle seinem Ende zu, schon keine gastliche Stätte mehr für die den Menschen gewährte Frist.

Ich muss den Weg unter die Füsse nehmen, sage ich mir, und mich zur Wehr setzen gegen die schlimme Vision. Der Kampf mit den Wolken, mit dem atemverschlagenden

Wind, gegen Kälte und Müdigkeit, gegen gottlose Furcht, der Kampf mit dem Engel und um das tägliche Brot, es ist alles eins, und uns nicht anders bestimmt. Was können mir diese Ruinen anhaben, und die Farbe des ungebrannten Lehms, der Wüste? Ebensogut die Flucht der Zeit anklagen und ihr den Rücken kehren wollen, ebensogut sich schützen wollen vor dem eigenen verrinnenden Atem...

Da habe ich doch noch, vielleicht, den Ausgang der toten Stadt gefunden – keine Scherben mehr, keine Ziegel – und kann mich in ihren einstigen Vorgärten ergehen, dem Lauf eines Kanals folgend. Aber ich traue meinen Augen nicht: Der Kanal führt Wasser, ist lebendig! Er läuft über ein flaches Herbstfeld, das Getreide kann noch nicht lang geschnitten worden sein, zwischen den trockenen Schollen finden sich Halme, und ein wenig weiter, am Rand des Ackers, ist gelbes Stroh zu mächtigen Haufen aufgeschichtet. Dahinter erheben sich lange Lehmmauern, und über ihrem Rand tauchen zarte Baumwipfel auf, mit farbigem Laub bekleidet – vielleicht Weiden und Platanen, vielleicht Nussbäume? Ein Schattenhain, ein Garten? Ich gehe den Mauern entlang, dünnes Gras unter meinen Füssen, und ich höre Hundegebell und das Wiehern von Pferden: Ein Dorf muss ganz nahe sein, wir haben ein Nachbardorf, und wussten es nicht, kannten nur die Scherbenhügel und die Nähe der Wüste, den Todeskeim, die fruchtlose Weite, den furchtbar unaufhörlichen Wind ...

Vorbei, vergessen – ich bin nicht überrascht, jetzt einen Reiter auftauchen zu sehen, flatterndes schwarzes Haar unter dem weissen Turban, und erschrecke nicht, als gleich darauf ein paar gelbe Hirtenhunde auf mich zuschiessen. Da stutzen sie schon, eine Frauenstimme ruft sie zurück. Ja, ich höre zum ersten Mal seit langem die Stimme einer Frau, herrisch und fröhlich, dann Gelächter, und „biah, biah" – „komm her, komm näher". Sie steht auf dem Mauerrand, jung, ganz in Licht getaucht, sie trägt blitzende Ohrringe und einen weiten Rock, ist unverschleiert und winkt mir lachend zu. Unter ihr, hinter der Mauer, wie um ihre Knie geschart, andere Frauen, junge und alte, und eine Menge Kinder, kleine Buben in gestickten Käppchen, kleine Mädchen mit fest geflochtenen Zöpfen; sie jubeln alle, und schreien „biah", als wollten sie ein Fest feiern und sich über mich lustig machen. Da stehe ich, fast verlegen, und sehe die Hunde an, die, kaum einige Meter von mir entfernt, geduckt, immer noch böse die Zähne fletschen. Aber gleich ist der Reiter zur Stelle, gleitet von seinem Pferd, das allein und mutwillig in den Hof trabt, und die Hunde weichen grollend zurück. Der Jüngling im geblümten Mantel ladet mich ein, ihm zu folgen – auf der Mauer steht noch immer das Mädchen, das strahlende Gesicht lockend geneigt –, und ich bin Gast des Dorfes, ehe ich mich's versehe.

Die Frauen bleiben ein wenig zurück. Der junge Mann geleitet mich über zwei Hofplätze bis zu einer kleinen Terrasse aus gestampftem Lehm, wo, auf einem dicken Filzteppich, der Hakim Saib sitzt, Bürgermeister und Würdenträger, schön und männlich, ernst, freundlich. Ich muss die Überschuhe von meinen turkmenischen Stiefeln streifen und mich neben ihn setzen, die Kinder hocken im Halbkreis, staunend, die Frauen schauen mich an und tauschen flüsternde Bemerkungen aus.

„Wo wohnst du, wer bist du?"

Wir beginnen die Unterhaltung, der Hakim und ich, und inzwischen werde ich bewirtet: ein Schüsselchen Schleckerei aus Zucker und geschlagenem Eiweiss – der Jüngling bricht das flache Brot, taucht Stücke in die weisse Masse, reicht sie mir, und verteilt, was übrig bleibt, an die Kinder –, dann grüner und ungesüsster Tee; der Hakim spült eigenhändig dreimal die Trinkschale aus. „Euer Brot ist gut", sage ich, und sie nicken: „Wir haben Brot, wir haben Getreide und Felder, wir haben Schafe, Pferde, Esel. Wir haben auch Trauben und Melonen. Wir haben ein gutes Dorf, wir haben Wasser." Und dann, auf meine Frage hin: „Wir sind keine Tadschiken, wir sind Afghanen, und wir sind aus dem Gebirge gekommen."

Sie sind aus den Bergen gekommen. Ihre Brüder sind Nomaden, ihre Heimat sind die Täler des Hindukusch, oder die ferneren Weidegründe im Süden, ich weiss es nicht genau. Aber sie haben ihre Hütten gebaut, wo die Erde karg ist, das Wasser kostbar und das Leben hart unter den grossen Wüstenwinden. Und sie haben sich ihr gutes Brot und ihre stolzen Pferde bewahrt, und den unverschleierten Anblick ihrer Frauen. Vielleicht sind sie ebenso arm wie unsere Tadschiken, oder ärmer, denn genau betrachtet, gibt es in diesem Dorf weniger Wasser, weniger Bäume, weniger Felder; man kann es kaum noch eine Oase nennen, und die Gewalt der Wüste ist die gleiche. Aber welche Gastfreundschaft, welches Loblied des Daseins!

Es ist Abend geworden, der Wind scheint mir sanfter, ich mache mich auf den Heimweg. Und das Wiehern der Pferde aus dem Nachbardorf begleitet mich …

Das Oxus-Ufer

In meinem Rücken, im Süden, erhebt sich das blaue Gebirge des Hindukusch so unwirklich, dass ihm nur die flutende Helle der Mondnächte gerecht wird. Sein Fuss ist verborgen, Schutthalden tragen ihn, als habe er kein irdisches Gewicht. Manchmal auch scheint es, als steige er aus den Gärten auf, man weiss nicht, wie, aus Gassen zwischen gelben Lehmmauern, aus den kleinen Wiesen, wo kaum ein paar Maulbeerbäume Raum finden, aus den Getreideäckerchen und winzigen Baumwollfeldern, aus dem engen und gewundenen Bett eines Flusses, der doch eben dort oben, vielleicht in der Ödnis grauen Gerölls, vielleicht in einem schönen Tal, seinen Anfang nehmen muss. Ja, es gibt hier Gärten, die ein wenig Trost zu gewähren scheinen, und hinter den bröckelnden Mauern wohnen Bauern, Tadschiken, Usbeken und Turkmenen – arme Brüder, Menschen wie du und ich. Und wenn man am Tag in den Feldern einen weissen oder hellblauen Turban, einen roten Frauenschleier, zur Mittagsstunde die zum Gebet versammelten Männer vor der kleinen Moschee sieht, in der Dämmerung, am Basareingang, die erste warme Glut eines Samowars, dann glaubt man den Ablauf eines geregelten Tages gewahrt, eines geregelten Lebens nach zu unserem Schutz, zu unserer Notdurft erdachten Gesetzen, und fühlt sich beinahe geborgen.

Ich pflegte jeden Vormittag in den Basar des Orts zu gehen. Bald kannten sie mich, die armen Brüder, die in ihren wattierten Hemden, ihren gestreiften Mänteln froren, die

Kupferschmiede und die Sattler, die Töpfer, die Wollkämmer, die Traubenhändler, und die Alten, die aus einer verbeulten Dose Münzen für mich hervorkramten, eine hellenistische, eine andere mit einem Kuschana-König in adorierender Haltung und einem Feueraltar, und einen Penny der Königin Viktoria. In einer Bude verkaufte man russische Zigaretten und russischen Würfelzucker, in vielen anderen Buden japanische Stoffe und russische Kopftücher, die sie hierzulande als Gürtel um die Hüften banden. Und ich ging an den Buden der Fleischer und Traubenhändler vorbei zu den Bäckern, wo sich runde, duftende Usbekenbrote zu schwankenden Türmen stapelten, und über den Platz der Reis- und Pfeffersäcke, wo Kamele sich drängten, Treiber schrien, ein schäbiger Soldat Ordnung hielt, und die Sonne schien über feilschende Gerechte und Ungerechte. Ich geriet wieder in den Schatten, in die dumpfe, von sonderbar betäubenden Gerüchen und dem Rauch kleiner Kohlenfeuer erfüllte Luft des gedeckten Basars, fand den Schuster, der mir hohe Turkmenenstiefel aus weichem, warmem Leder anfertigte, und den Schneider, der auf einer Singer-Nähmaschine violette Sammetwesten nähte. Dann kam die Gasse der Silberschmiede; dann wurde es plötzlich kalt, und nach den grünen, staubgrauen Häufchen der Tee- und Gewürzhändler gelangte ich wieder ins Freie, auf eine Lehmbrücke, und die Sonne spielte mit dem gurgelnden Flusswasser.

Wenn ich weiterging, begegnete ich Reitern und schönen Pferden, denn der Ort gehörte zur afghanischen Provinz Turkestan, und dort werden die Pferde besser gepflegt als die Menschen.

Am Nachmittag war die Sonne stark, und am Abend wurde der Himmel weiss, und der Hindukusch leuchtete im kalten Licht wie ein Gestirn. So gab es mancherlei Abwechslung im Lauf der Stunden, und die Tage vergingen; des Nachts hatte ich ein Feuer und schlief im gewölbten Zimmer eines alten Palasts. Fast hätte ich mich täuschen lassen, und trösten durch den Anblick von ein bisschen Grün, und den roten Schein eines Samowars in der Dämmerung, am Rand der einsamen Strasse; fast mich geborgen gefühlt im Schutz der Oase, die doch den Geruch des Wüstenwinds in ihren Gassen trug und in den Winternächten den Wölfen und Schakalen Gehör schenken musste. Aber während ich so noch den Anschein eines geregelten Lebens wahrte, aufstand, meinen Tätigkeiten nachging, hungrig wurde und ass, müde wurde und schlief, und die anderen Brüder leben sah, in ihren Hütten, Basarbuden, Gebetsstätten, oder einfach der nordwärts, in die Steppe und Wüste gerichteten Piste entlanglief, um zu atmen, die Glieder zu bewegen, warm zu werden, mich leben zu fühlen, den Stunden Trotz zu bieten; während ich mit den Tadschiken persische Worte austauschte, und ein Gelächter, ohne dass wir uns verstanden, und eigentlich schon wortlos war wie im zu starken Wind, der einem die Stimme verschlägt – während ich so meinen Stolz noch zu wahren suchte, Mensch zu sein unter Menschen, täuschte ich mich schon nicht mehr: Keine Nachricht erreichte mich, ich war weit weg, die hohe Barriere des Hindukusch trennte mich vom Kabul-Fluss, vom Khyber-Pass und der Grenze Indiens, der breite Wüstenstreifen im Norden von den Städten Russlands, von Samarkand, Taschkent, Buchara und vom Ufer des Amu-

Darja. Und diese Grenzen, diese Barrieren, Flüsse, Wüsten waren für mich und meinesgleichen unüberschreitbar! „In wenigen Stunden kann die russische Armee hier sein", sagte mir ein afghanischer Beamter, der vom Krieg in Europa gehört hatte und sich begreiflicherweise Sorgen machte: Warum sollten die Russen nicht Afghanisch-Turkestan ihren asiatischen Ländern angliedern, ein wenig mehr Baumwolle ernten wollen? Wer würde sie aufhalten, zwischen dem Amu-Darja und dem Hindukusch?

So politisierten wir ein wenig, und am gleichen Vormittag sah ich den russischen Flieger von Taschkent kommend in blauer Höhe, und hörte noch das sanfte Surren seiner Maschine, als er schon wie ein fröhlicher Silbervogel in den Wolken über dem Hindukusch verschwunden war. Das blieb, lange Zeit, das einzige Zeichen aus jener Welt, an die zu denken mich mit Unrast und fürchterlicher Hilflosigkeit erfüllte ... Und ich hütete mich wohl: Was wäre sonst aus mir geworden, Gefangener oder freier Mensch?

Nein, ich liess mich nicht mehr täuschen durch den trügerischen Anblick von ein bisschen Grün, welches jetzt auch schon herbstlich wurde, dürr und vom Wind weggetragen, noch verführen vom Anblick gleissender Schwingen im fröhlichen Himmel, der doch, ich wusste es, unbewegt und tödlich werden konnte, von einer Stunde zur anderen – eine erzene Glocke ohne Klang. Ich liess mich nicht mehr täuschen, denn dort draussen, ganz nahe, durch eines Atemzugs Dauer nur von mir getrennt, war die Wüste.

Ihr zu begegnen, war unwiderruflich. Da galt kein Stundenschlag mehr, da ertönte kein Gelächter, Entfernungen liessen sich nicht messen. Ein Ruinenhügel tauchte plötzlich aus der trostlosen Ebene auf wie eine Insel, ich glaubte, er sei zwei Stunden von mir entfernt und von bedeutender Grösse – aber nach wenigen Minuten streifte mein Fuss ein paar verstreute Tonscherben, und der Hügel war, zusammengeschrumpft, eine dürftige Anhäufung des Windes. Ja, und einmal meinte ich, vor mir, in einiger Distanz, ein gestrandetes Flugzeug zu erblicken, es war metallener Glanz im grauen Sand, und ich näherte mich vorsichtig, auch zögernd vor der unerwarteten Begegnung. Aber ich ging und ging, und es war – die blaue Glasur einer Scherbe aus islamischer Zeit. Ach, die Gänge in der Wüste, ziellos, unaufhörlich, zwischen Sanddünen, Tamariskensträuchern und den vom Wind geglätteten Ruinen alter Städte, Festungen, Zisternen! Denn eines Tages hatte ich den dürftigen Schutz der Gärten verlassen und war nach Norden gezogen, auf der harten Piste der Eselreiter und Kameltreiber. Was suchte ich dort im Norden, was suchten sie? Aber es gibt noch ein Dorf inmitten von zerfressenen Türmen und eingestürzten Karawansereien einer einst blühenden Stadt, die wegen Wassermangels von ihren Bewohnern verlassen wurde. Ein letzter schmutziger, dürftiger, tief in die harte Erde geschnittener Kanal ist übrig – von ihm lebt das Dorf. Schwarzbärtige Tadschiken, ihre Frauen in roten Röcken, ihre Kinder. Sie hausen in runden Lehmkuppeln hinter Mauern, die schon wieder bersten und zerfallen; sie besitzen einen Esel, ein Pferd, auch Schafe, und abends sehe ich Kamele aus der Wüste kommen und in die Gasse einbiegen, die zu eng scheint für ihren schwankenden Gang. Die Felder rings um das Dorf sind der Wüste abgerungen; man muss sie überschwemmen, um ihre steinharte Oberfläche auch nur notdürftig pflügen zu können. Und was mag hier schon gedeihen! Karges Brot, ein paar Melonen, eine Handvoll Stroh. Keine Basarbude gibt es im Dorf, keinen Bäcker, keinen Sänger, und abends keinen glimmenden Samowar. Die Tadschiken leben in der Nachbarschaft der Wüste wie im Angesicht des Todes und unserer Nichtigkeit – ohne Wunsch und Ehrgeiz, heimgesucht nur von der Dürre und Glut des Sommers, von den eisigen, staubgesättigten Steppenwinden eines langen Winters, und fürchterlich schutzlos. Noch erinnere ich mich, wie ich vor wenigen Monaten zum ersten Mal in dieses Land kam – das alte Baktrien, Tokharestan, Turkestan – und in leblosen Augustnächten zu ersticken meinte. Wie atmete ich auf, als ich die ersten Höhen des Hindukusch erreichte und die Agonie der Ebene hinter mir liess, für immer! Jetzt bin ich zurückgekehrt, und das Land ist bleich, und es ist der Schrecken des Winters. Die Nachbarn im Dorf bringen Eier und Hühner, selbstgebackene Usbekenbrote, Schaffleisch, Tomaten, eine Last Brennholz. Es ist nicht schwer, unter einer Lehmkuppel einen Kamin zu bauen, eine grosse Leinwand vor den Eingang zu spannen. Wenn auch dies nicht genügt, um den Staub, den peitschenden Regen, die Gewalt des Windes abzuhalten – kann man doch leben. Sie leben doch, die Nachbarn und armen Brüder? Und immer erwache ich, wenn der Mond bleich wird und die gelbe Dämmerung eines anderen Tages sich ausbreitet, eine gnadenlose Flut …

Ich mache mich auf und gehe nach Norden. Immer nach Norden, ein sonderbarer Eigensinn treibt mich, ich könnte ebensogut im Kreise gehen, oder nach Osten, nach Westen, wie es sich gerade ergibt. In einiger Entfernung folgt mir ein

Soldat, als Schutz und Überwachung. Vielleicht fragt er sich, ob ich nicht doch, eines Tages, aus Versehen die Grenze Russlands erreichen werde. Denn diese Wüste ist nicht mehr als dreissig Kilometer breit, und an hellen Tagen glaube ich, drüben einen Dunststreifen zu erkennen, eine leichte Rauchfahne, nebelzarte Wolken von Feuchtigkeit über dem Fluss. Und rechts einen sanften Hügelzug – vielleicht Bäume, windbewegtes Laub, vielleicht schwarze Ackerschollen, weidende Herden, behäbige Höfe, vielleicht taufrische Wiesen und Sensenschlag ... Aber dies alles ist Irrtum. Ich weiss, ich werde das Ufer des Amu-Darja, des grossen Oxus, nie erreichen. Und übrigens beginnt jenseits jenes Ufers kein gesegnetes Land, es ist Öde und Weite hier und dort, Steppe, Wüste, Härte und Dürftigkeit, Unaufhörlichkeit: das Herz Asiens. Und die Ufer des Oxus sind traurig, sagt man mir – Sandbänke, Wildenten, ein wenig Dschungel –, es lohnt sich nicht die Mühe.

Es lohnt sich nicht die Mühe –

Eines Tages begegnete mir ein Jäger. Er trug als einzige Waffe einen Stock mit eisernem Haken – damit und mit seinen drei langohrigen, seidigen, schnellen Windhunden erlegte er Hasen, allerlei Vögel, manchmal eine Gazelle. Ich fragte ihn, ob er mir einen seiner Tazi verkaufen wolle. Nicht für hundert Afghani, sagte der Mann und ging davon. Ich sah ihn zwischen Sanddünen und Scherbenhügeln untertauchen, die Hunde jagten voraus wie ausgesandte Pfeile. Er musste einen langen Heimweg haben. Aber was zählte für ihn der Raum, der Tag, und der nächste! Was galten ihm Gegenwart und Zukunft, ihm, der den Staubsturm nicht fürchtete! Wusste er denn, was Glück und Unglück heisst, und was unsere gequälten Herzen Hoffnung nennen? Der Staub war jetzt ringsum dicht wie Nebel, der Himmel bleiern, die hellblaue Linie des Oxus-Ufers versunken. Auf was wartete ich? Auf Zeichen und Wunder, Sterne am Firmament …?

Die Töpfer von Istalif

Es ist nicht die beflügelte Ungeduld des Frühlings, die von den Dichtern besungene, der Liebe offen, allen Hoffnungen zugekehrt, dem Glück verwandt. Denn jene Jahreszeit ist vorbei, vorbei das Entzücken und Atmen, Lächeln, Schreiten – es ist November, die Gewalt des asiatischen Sommers ist über das Land hinweggegangen, und das Echo des fernen Kriegs macht nicht Halt vor der gebirgigen Grenze Afghanistans. Je dürftiger die Nachrichten, je seltener und unberechenbarer das Eintreffen der Post aus Indien, um so grösser die Unrast – und ist man weit weg von der Hauptstadt, die doch selbst nur ein isoliertes Dorf ist, und vielleicht noch eine Festung, eine feudale Residenz, dann glaubt man sich weltfern und weltfremd, um die gemeinsame Sorge und den ernsten, opferbereiten Anteil an der Zukunft betrogen. Man hat böse Stunden und böse Träume, und fragt sich: Was treibe ich hier, was habe ich hier zu suchen? Was geht mich dies alles an? – und meint den Eselreiter, den Soldat, den Turbanträger, meint den Mullah, der um die Mittagszeit vor seiner kleinen Moschee steht und zum Gebet ruft, meint die versammelten Gläubigen, die Bauern, die Teetrinker und die Karawanen, die langsam vorüberziehen, auf seit tausend Jahren festgelegten Gebirgspfaden, und die Nomaden, die aus den hohen Tälern, von ihren Sommerweiden herabsteigen, südwärts, indienwärts. Tausendjährigen Gesetzen folgend, auch sie, und den Gesetzen der Jahreszeiten, der guten Weiden, als müsste es so sein, als habe der Mensch keine Freiheit zu wählen und sei nur ein treuer oder ungetreuer

Knecht. Und die Gesetze sind hart, das Dasein dürftig, die Jahreszeiten unerbittlich – kann man ihnen nicht entfliehen? Ist nirgends ein Weg offen, ein Pass, der hinüberführt in andere Länder, ist es immer der gleiche Himmel, Morgen und Abend, der gleiche Kreislauf, der gleiche Gebetsruf, und nie eine Antwort? Und man weiss nicht mehr, gegen was man aufbegehrt, an welchen Gott man sich wendet, demütig, bitter, ratlos, in ohnmächtiger Bedrängnis. Man glaubt sich allein. Die anderen, dort im Talgrund, sind keine Brüder. Seht, es sind Nomaden, sie bauen ihre Jurte, ein Gestell aus Zweigen, grobe Filzdecken darüber, bunte Wollstreifen zum Schmuck, und ihre Hunde sind bösartig. Seht die Männer dort, unter dem überhängenden Felsen um ein kleines Feuer geschart, sie transportieren Salzplatten aus dem Pamir nach Kabul und Kandahar, sie haben ihre Esel von ihren Lasten befreit und kochen ihren Reis, sie sind arm, sie frieren. Seht die Karawane, schwankende Kamele und singende Treiber, es sind Schatten am Flussufer. Und der rötliche Schein, hoch oben, in einer Felsspalte des Hindukusch: Köhlerfeuer, versichert man mir. Aber können dort Menschen die eisig klare Nacht verbringen? Sind es Sterne, die ihr Licht aussenden, trostlos wie der milchige Mond?

Die Nächte sind lang in dieser Jahreszeit – unnötig, die Dämmerung zu erwarten, sie ist grau und beklemmend, unsere Ungeduld stimmt sie nicht milder. Aber am nächsten Tag – die Sonne steht schon hoch – führt mich mein Weg nach Istalif. Ein hübscher Name, denke ich, und das Tal, nach dem grossen Marktplatz Sharikar, ist breit und fruchtbar, eine einzige Oase. Es bereitet Vergnügen, nach so viel Ödnis im Hindukusch und der grossen Kälte am

Schibar-Pass, die roten Seidenturbane indischer Händler zu sehen, nach den fremden, verschlossenen, schlitzäugigen, von unerbittlicher Sonne und starkem Wind gegerbten Mongolengesichtern die sanften Augen, die blasse Haut der Städter und Makler aus Hindustan. Die Strasse ist breit, von Pappeln gesäumt. Der Wagen rollt zielbewusst, als rieche er den Stall, über den weichen Erdboden. Die Berge bleiben zurück, weichen zur Seite.

Das Dorf Istalif liegt zur Rechten, in eine Mulde gebettet; es ist fast ein Häusermeer, was dort terrassenförmig ansteigt, Schatten auf den flachen Dächern, Licht auf den Mauern, das Ganze schön abgerundet und von bunten Herbstgärten umgeben. Ein Wegweiser: „nach Istalif", und ich biege von der Strasse ab, und es bereitet, noch einmal, Vergnügen, bergan zu fahren, zwischen sorgfältig bewässerten Feldern, wo Bauern hinterm Pflug ihre schwarzen Ochsenpaare antreiben, und Frauen in roten Röcken sich bücken und die letzte Ernte einbringen. Dann Lehmmauern, Tore, Häuser, der mit Zweigen gedeckte Eingang des Basars. Schalen voll bräunlicher Trauben, saure Milch, Berge von Gewürzen; Schnabelschuhe, Töpferwaren, ganze, enthäutete Schafe in den Fleischerbuden – was für ein reiches Dorf! Im Tschaikhane rücken die plaudernden Männer ein wenig zusammen, um mir auf der Strohmatte Platz zu machen, und bieten mir grünen Tee an und harte Eier. Nachdem ich gegessen habe und zwei Groschen bezahlt, führt mich ein Knabe durch den Basar und ein paar steile Gassen aufwärts, wie um einen Aussichtspunkt zu erklimmen. Er trägt eine violette Sammetweste mit silbernen Tressen, ein weisses Hemd, einen weissen Turban, er ist gesprächig und munter, bildschön.

Da sind die Gassen zu Ende, und durch ein niedriges Törchen gelangen wir in einen Hain alter Bäume, der an die Wildnis grenzt; denn oben ist das Gebirge, kahle, jäh ansteigende Hänge, zerstreute Felsblöcke, ein milchiger Bach und keine Pflanze, kein Strauch, kein Schatten. Aber unter den Bäumen ist das Licht golden, und der Bach wird zahm. Eine Gruppe verschleierter Frauen ergeht sich am Rand der Terrasse; von dort kann man weit hinausblicken über die Gärten, Reben, flachen Dächer, über das herbstbunte Tal hinweg, kann im Talgrund die weisse Strasse zwischen Pappelreihen verfolgen und den blauen Fluss, der von den schneeigen, in blitzendes Licht getauchten Kämmen im Norden herabkommt. Die Luft ist frisch, der Himmel zartfarbig, beinahe durchsichtig, der Horizont ein wenig dunstig. Mir will scheinen, ich hätte nie einen solchen Herbsttag gesehen! Ich folge dem Knaben einem Fusspfad entlang, der aus dem Hain hinausführt, über eine besonnte Halde, in den obersten Teil des Dorfs.

Da wohnen die Töpfer. Es ist noch früh, vielleicht drei Uhr, und sie sind bei der Arbeit. Im Freien, auf den Dächern ihrer Häuser, haben sie ihre Ware zum Trocknen ausgebreitet: noch unglasiert und ungebrannt, feuchter Lehm, von fleissigen und geschickten Händen geformte Erde. Von den besonnten Dächern gelange ich in die Höfe, da kreisen die Drehscheiben, der Lehm wird mit Wasser gemischt; in einer Mulde zerstampft ein Knabe die blaue kristallene Masse, die zu blaugrüner Glasur wird; daneben hockt ein anderer kleiner Geselle neben einer Öffnung, aus welcher Rauch aufsteigt – der Brennofen. Und ringsum und unter mir, auf allen Dächern und Terrassen, reihen sich Teeschalen und flache Teller, schlichte Lampen, Gefässe für Obst und Sauermilch, glatt die einen, mit gravierten Mustern geschmückt die anderen, aber alle blaugrün, leuchtend – denn die Töpfer von Istalif kennen nur eine Farbe, eine Glasur, erfinden nichts Neues, üben ihr Handwerk aus, wie sie es gelernt haben, und vererben es vom Vater auf den Sohn und Enkel. Nur wie zum Spass, als Abwechslung und Augenfreude, bemalen sie manchmal eine Schale mit rostbraunen und gelben Flecken, Tupfen und Kreisen, als hätten sie den Pinsel wahllos in flüssiges Herbstlaub getaucht, giessen dann durchsichtige Glasur darüber, und reihen das Kunstwerk ein unter die gewöhnliche Ware, die sich in ihrem Hof stapelt, neben dem Backofen, dem Brennholz, den Maiskolben, allerhand Wintervorräten. Sie sind nicht reich, die Töpfer von Istalif – aber warum sollte ein Töpfer reich sein? Sie haben, was sie brauchen, guten Ton und Wasser, und die Bauern, ihre Nachbarn, tun das ihre und haben gutes Brot, fette Hammel, Überfluss an Trauben, Nüssen, süssen Mandeln und Maulbeeren. Und der Tag ist fröhlich und voller Tätigkeit, und hat sein gerechtes Mass, wenn es Abend wird und die Schatten über die Dächer gleiten: Genug! Lasst die Hände ruhen!

Da erinnere ich mich, dass ich in Istalif nur ein Fremder bin, zufällig des Weges gekommen und in ihre Gassen, ihre Gärten, ihre Höfe geraten, nur als Zuschauer geduldet an der Schwelle ihres nach friedlichen Gesetzen geregelten Daseins. Ich verlasse das Dorf und gehe, ich weiss nicht einmal wohin, einem langen Abend entgegen, und der Ödnis jener gelben Hügel, die sich fortsetzen wie ein Meer. Die Stunden töten! Die Ungeduld zügeln, die Ferne eindämmen! Es war mir doch, soeben noch, friedlich zumute bei den Töpfern von Istalif, und die Erde im Abendlicht schien mir und ihnen gnädig.

Da kommt ein Mann aus seinem Garten, grüsst mich freundlich und ernst, und bietet mir eine Handvoll Nüsse an, die er aus seinem breiten Gürtel schöpft. Er öffnet das Pförtchen: „Nimm, ich habe noch mehr. Hier ist mein Garten, meine Hütte, die Sonne hängt noch in den Zweigen des alten Baums, das Feuer im Herd ist schon angezündet. Sei mein Gast heute abend, tritt ein …“

Die Reise nach Ghasni

Vernünftige Leute und gute Freunde warnen mich, raten mir ab: Es ist jetzt nicht die Jahreszeit, die Nächte sind kalt, die Tage unsicher, jeden Augenblick kann Schnee fallen, und die Strasse nach Ghasni ist schlecht und führt durch sehr einsames Gebirge. Sie haben Zeit, Sie sind frei; warten Sie eine freundlichere Gelegenheit ab, um die Stadt der Ghasnawiden zu besuchen. Es gibt dort vielerlei zu sehen, denken Sie nur an die Gräber: das Grab des alten Sultans Subagtagin, das Grab von Machmud-i-Ghasnawi, das Grab eines Sufi-Dichters, und das eines Heiligen. Denken Sie auch an die Stadtmauer, die mehr als eine Meile lang und vom Zahn der Zeit angenagt ist; vergessen Sie nicht, zur Zitadelle hinaufzusteigen, sie liegt im Herzen der Stadt, auf einem runden Hügel, man kann von ihrer stolzen Höhe aus alle Strassen beherrschen und alle Täler sehen, der Ausblick lohnt sich. Und dann der alte Basar: Wir raten Ihnen im Guten, nehmen Sie sich einen ganzen Vormittag, um diesen klassischen und romantischen Basar zu besuchen. Sie werden dort die langhaarigen, schönen Männer der südlichen Stämme sehen, in ihren bunt gestickten Jacken, die jetzt schon selten geworden sind, und Händler aller Rassen, reizende, immer zum Spassen geneigte Knaben; vergessen Sie nicht die Sattelmacher, die Kupferschmiede, die Sänger. Und die Stunde des Sonnenuntergangs! Wann fahren Sie, morgens um vier Uhr?

Nein, antworte ich, versonnen und unbedacht, vielleicht fahre ich heute noch, aber gerade heute – es ist ein herrlicher

Tag, nicht wahr? – gibt es so viel zu tun: Gerade heute wurde ich zur Jagd aufgefordert, um zwei Uhr sind die Pferde gesattelt, und wir reiten auf die Höhen über dem Lowgar. Sie wissen, ich liebe den fröhlichen Hufschlag, den weichen Galopp, ich liebe die Jagd im Bachbett, auf steinigen Halden, und den letzten, scharfen Ritt über die weite Grasebene, den Wettlauf mit dem Schatten. Ihr wisst es doch, solcher Versuchung kann ich nicht widerstehen. Ein gesatteltes Pferd, sein Übermut, seine Treue, die gezügelte Lebensfreude!

Warum nicht? O Freiheit, Freiheit! Und ich errate schon die Antwort: Warum nicht? Ein Tag der Jagd gewidmet, ein anderer der Freude, sechs Tage Arbeit, und dann, am nächsten, am siebenten, treten Sie die kleine Reise nach Ghasni an. Und jetzt, noch einige Ratschläge …

Denn solche Reisen, in einem wilden Land, auch wenn die Fahrt von Kabul aus nur vier oder fünf Stunden dauert, verlangen sorgfältige Vorbereitungen. Man muss auf das Ministerium gehen und um Erlaubnis bitten, man muss, wenn man nicht erbärmlich frieren will, nach Ghasni telefonieren (denn das Telefon funktioniert), damit sie dort Holz besorgen, den Ofen anzünden, und es ist ratsam, Vorräte mitzunehmen und Bettzeug. Den Filmapparat nicht vergessen! Die Zahnbürste, ein Handtuch, warme Socken. Und Benzin! Ist der Wagen in Ordnung, zuverlässig?

Ich war nicht auf dem Ministerium. Ich habe mich nicht um den Wagen gekümmert, habe keine Vorräte gekauft, nicht auf die Uhr gesehen. Ich habe nicht einmal Zigaretten – und mein Pass, weiss der Himmel, wo sich mein Pass befindet. Und fahre heute noch nach Ghasni. Welch sträflicher Eigensinn! Ich denke nur an meine Pferde? Und nenne mein unbedachtes Treiben Freiheit, Menschenrecht …?

Aber in der ersten Morgenstunde, aufgewacht ohne Kummer und ohne schwere Träume, erinnere ich mich: Es ist der Tag der Jagd im Lowgar-Tal, und der Tag der Reise nach Ghasni. Die Fanfare des Aufbruchs – und ein schöner Tag, die Wintersonne, schwer wie Blei, rinnt über die Hügel, wird bald die Stadt erreichen, die Fische im Kabul-Fluss wecken, die Häuserzinnen mit Trauer bedecken. Es mag sieben Uhr sein – Herr, lass es Tag werden! –, die Reben in unserem grossen Garten sind gelb, erfroren, von keinem rührenden Tau mehr benetzt, leuchten nicht, werden nie mehr Früchte tragen. Violette, türkisgrüne, sammetgraue Trauben – und andere, blau wie Lapislazuli, durchsichtig wie Glas, milchig und süss wie der Sündenfall. Zu spät, zu spät, und ich beginne den Tag, diesen vielleicht besonderen Tag, wie jeden anderen: leeren Herzens, morgennüchtern, schuldlos, ohne Absicht und Begehr. Man erinnert mich, wirft mir vor: Aber du wolltest dies und jenes, einen frischen Ritt, und eine immerhin bedeutende Reise antreten. Wir haben dir, gestern noch, über Ghasni berichtet, hast du nicht zugehört, schon alles vergessen bis auf das Grab des Sultans Subagtagin? Und die Gefahren des Wegs, die Kälte?

Und die Sattelmacher, erwidere ich, und die lieblichen Knaben. Und der Gesang am Abend … nein, ich vergesse nichts, bin ein treuer Knecht, ich werde alles sehen und meine Pflicht tun, Bericht erstatten, die Reise antreten. Aber lasst mich, lasst mich! Es ist noch früh am Tag, ich kenne den Wert und Verlauf der Stunden nicht, ich muss diesen Tag benützen – was kümmert mich Ghasni, was kümmert mich ein schaumbedecktes Pferd, Jagdruf, Hufschlag, die milde Sonne auf den Halden des Lowgar? Gestern noch – ja, gestern – war ich dort, um die Abendstunde, mit einer kindlichen und schönen Gefährtin: Es verschlug mir den Atem, ich sah Frieden und Schönheit ringsum, mein vereinsamtes Herz wollte anklagen, eine Bitte aussprechen, ich war den Tränen nahe. O Zärtlichkeit, Stummheit, unsterbliches Begehren!

Und schon vergangen, doch überstanden: Jetzt, heute, gilt es zu schreiben, ein widerstrebendes Herz zu besänftigen. Hast du nicht Städte gesehen, voller Wunder, und von herber Anmut erfüllte Täler? Bist du schwach, feige, ein Armseliger und Bedürftiger, der von Almosen lebt – weisst du nicht, dass der Mensch seinem Gott gleicht, und nur ihm, und Töne auffangen kann aus dem wogenden Nichts, die jedes Herz rühren, und Farben sehen, die schöner und zarter sind als alle Träume, und Linien der Anmut erfinden, Licht- und Feueraltäre errichten; dass er ohne Hoffnung leben, mutig sein und sein Gebet dem furchtbaren Abgrund seiner Einsamkeit entreissen kann?

Da fand ich mich wieder, in der Schattenmitte eines glorreichen Tags, allein, über meine Arbeit geneigt. „Sechs Tage sollst du arbeiten“, ich schrieb auf, gewissenhaft, klagte nichts mehr an, verlangte nichts, war ohne Voraussicht. Über was ich schreibe, so eifrig und fleissig? Über die Städte und Dörfer Afghanistans, seine Eigenart, seine bösen und guten Geister? Über Herat die Prächtige und seine ragenden Minarette, über Balkh, seines historischen Namens wegen, über die weissen Taubenschwärme von Masar-e Scherif? Ach, fragt nicht immer, behaltet eure Kenntnisse, die Namen, Ratschläge, und lasst mich in Frieden blind und taub sein, schreiben bis zur letzten Stunde. Ich war noch nicht in Ghasni und trete, gewiss doch, heute die Reise an. Die andere Jahreszeit abwarten? Und warten, dass die Trauer verebbt wie ein böses Element, und die Freude anhebe wie Rossgetrappel und Fanfarenklang? Ich habe keinen Trost verlangt, keine besondere Stunde erwartet, der wunderbare Glanz des Abends wird mich begleiten: Es ist Zeit! Wir treten die Reise nach Ghasni an!

V
Zwei Frauen allein in Afghanistan

Bala Hissar: der Verwaltungssitz von Akcha, Afghanistan, August 1939.

Zwei Frauen allein in Afghanistan

Zwei Frauen allein unterwegs! „Wie konnten Sie reisen? Wie haben Sie sich Nahrung beschafft, wo haben Sie geschlafen? Ist Ihnen nie etwas Unangenehmes passiert?"

Immer sind es die gleichen Fragen, die an uns gerichtet werden, seitdem wir den berühmten Khyber-Pass überschritten und die wohlbehüteten englischen Siedlungen Indiens erreicht haben. Und wenn wir der Wahrheit gemäss antworten: „Wir fühlten uns bei unseren afghanischen Freunden so sicher wie in Abrahams Schoss", dann begegnen wir dem skeptischen Lächeln eines Engländers, oder der mit Nachsicht vermischten Bewunderung jener, die nie anders gereist sind als mit einem sorgfältig vorbereiteten kalten Lunch in der „Tiffinbox", mit einem Dutzend eisgekühlter Bierflaschen und einem Boy neben dem Chauffeur, der abends das Bad richtet und das Smokinghemd bügelt. Denn die Briten sind die konservativste Nation der Erde; sie können es nun einmal nicht vergessen, dass die wilden Gebirgsstämme Afghanistans vor hundert Jahren den aus Indien einmarschierten englischen Truppen mehrere Niederlagen beigebracht, die völlig geschwächte Expeditionsarmee während ihres verzweifelten Rückzugs zum Khyber überfallen und so grausig niedergemetzelt haben, dass dieses Ereignis noch heute als eine der grössten Katastrophen des British Empire gilt. Es kommt noch hinzu, dass sich zwischen der von England verwalteten nordwestlichen Grenzprovinz und dem afghanischen Hoheitsgebiet jener Streifen Niemandsland befindet, der als Stammesterritorium bezeichnet wird, dort sind nämlich die kriegerischen und leidenschaftlich demokratischen Stammesbrüder der Mohmands, Shinwaris oder Waziris keinem Gesetz untertan als ihrem eigenen. Und wenn sie auch die Sicherheit der Khyber-Strasse garantieren – von Sonnaufgang bis Sonnenuntergang soll dort kein Schuss fallen und jedermann ungefährdet reisen können –, so darf doch nach Ansicht der englischen Behörden keine Dame den Pass überschreiten, ohne von einem Gentleman begleitet zu sein. Jenseits des „Tribal Territory" beginnt ja Afghanistan, die Heimat der gleichen oder eng verwandten ungebärdigen und kriegstüchtigen Stämme. Was liegt also für einen Engländer näher, als anzunehmen, jenes mysteriöse und wilde Land sei zumindest im britischen Sinn des Wortes unzivilisiert und gefährlich?

Dennoch sind wir, zwei Frauen allein, ohne Boy und Chauffeur, ja sogar ohne Gentleman, dort unterwegs gewesen. Wir besassen keine eisgekühlten Bierflaschen, keine Schusswaffen, wir verstanden kaum einige Brocken Persisch. Auf einen Dolmetscher hatten wir ebenfalls verzichtet. Nie fragte man uns nach einem Pass, nie wurde ein Ausweispapier für unseren Ford mit dem Graubündner Nummernschild verlangt. Man zählte unsere Devisen nicht nach und zwang uns keine Gebühr für einen allerdings längst nicht mehr funktionierenden Radioapparat auf. Lediglich in einem weltverlorenen Zipfel erkundigte man sich, ob wir gar Japaner seien, aber es war wirklich nicht bös gemeint.

Ein einziger unangenehmer Zwischenfall ereignete sich im Hindukusch, in einem Nomadenlager auf 2500 Meter

Höhe. Während Ella Maillart und ich Salben für entzündete Augen und aufgesprungene Hände, Chininpillen gegen Fieber und Bärendreck gegen Husten und bösen Blick austeilten, während die Frauen scheu lächelnd ihren schwarzen Schleier zurückschlugen und uns die von irgendwelchen Übeln befallenen Babies brachten, stahl uns ein Witzbruder einen unserer Leika-Apparate aus dem Wagen, den er nach Geheiss des Stammesältesten bewachen sollte. Es war ein Fall, der gegen die Regeln der Gastfreundschaft und gegen alle unsere Erfahrungen verstiess. Wir befanden uns in etwelcher Verlegenheit über die zu treffenden Massnahmen. Sollten wir gleich mit der Polizei drohen? Kaum, denn die Organe der Zentralregierung sind bei den Nomaden nicht eben populär; wir hätten uns höchstens unbeliebt gemacht und die Leika wäre dabei rechtzeitig und für immer entschwunden. So entschlossen wir uns, beim greisen Oberhaupt der Nomadenzelte, dem Malik, bittere Klage vorzubringen: „Wir sind Eure Gäste und haben Euren Frauen Medizinen gegeben, und während wir uns im Schutz Eurer Männer befanden, wurden wir bestohlen. Ist das Eure Gastfreundschaft?“ Der Weissbart schien ebenfalls bekümmert und kannte offenbar seine Pappenheimer: Einer der jüngeren Männer machte sich eilig davon und brachte nach wenigen Minuten den Apparat zurück. Er erklärte, sein Söhnchen, der nichtswürdige Bengel, habe sie entwendet. Der Stammesälteste beschimpfte den Schuldigen mit dröhnender Stimme, spuckte einige Male energisch aus und lud uns dann zur Versöhnung zum abendlichen Reisgericht ein. Das peinliche Ereignis ging schnell vergessen und wiederholte sich übrigens nicht. Die afghanischen Nomaden, unbesehen ihrer Stammeszugehörigkeit, waren einst mehr oder weniger kriegerisch, sind jedoch unverdorben, zum Spassen aufgelegt, hilfsbereit und gastfreundlich. So viel ist gewiss: Sie hätten uns kein Haar krümmen lassen.

Es gibt aber in Afghanistan nicht nur Nomaden. Es gibt Städter und Dorfbewohner, Landbesitzer, sesshafte Bauern, Priester, Bürgermeister und Beamte eines im Aufbau befindlichen, modernen Staatsgefüges. In allen grösseren Städten und in den wichtigen Etappen der befahrenen Strassen hat das Postministerium staatliche Hotels einrichten lassen. Dort findet man zu festen Preisen Zimmer und Betten, einen Waschraum, eine Küche. Immer bekommt man dort Tee und meistens auch Pilaf, das nationale Reisgericht. Es gibt Romantiker und aufrichtige Freunde des alten, von keiner Neuheit und Verderbtheit beleckten Afghanistan, welche die Einrichtung dieser staatlichen Hotels bedauern. Sie tun zweifellos der persönlichen Freiheit einigen Abbruch, denn als Reisender ist man ganz einfach gezwungen, in solchen Rasthäusern zu wohnen, seinen Tee zu bestellen, statt ihn mit den Brüdern in einem Tschaikhane am Wegrand oder im Basar trinken zu dürfen. Aber der Fortschritt – jene vielfach fragliche und jedenfalls oft missbrauchte Macht – folgt fatalen Gesetzen: Der aufrichtige Kenner Afghanistans wird es begrüssen, dass Spitäler und Schulen eingerichtet werden. Er empfindet es als dringende Notwendigkeit, dass man Strassen baut und das Land dem Verkehr öffnet. Er weiss, dass man die Armut beheben und die Ausnützung natürlicher Reichtümer fördern will. Er versteht, dass dies beispielsweise durch Rationalisierung der Baumwollproduktion oder durch die Kontrolle der Karakul- (=Persianer) Felle geschehen muss. Er stemmt sich nicht gegen die Entstehung von Fabriken und von Arbeitersiedlungen anstelle der Nomadenlager. Er begrüsst sogar die kaum begonnene und noch wenig sichtbare Emanzipation der Frauen. Aber dabei nimmt er nur mit schmerzlichem Bedauern hin, dass die alten, liebgewordenen Traditionen und Zustände erschüttert werden. Dass man sichere und wirklich fahrbare Strassen mit den staatlichen Hotels „erkauft" statt bei Nomaden und Dorfbürgermeistern zu Gast zu sein. Es ist eine gewisse Tragik in diesem Problem des Fortschritts, wie man ihn gegenwärtig in Afghanistan am Werk sieht. Leise nur regt sich die Hoffnung und zugleich der Zweifel, ob es in diesem unabhängigen Land zwischen Indien und den asiatischen Republiken der Sowjetunion nicht am Ende gegen alle Entwicklungsgesetze doch möglich sei, die alten Tugenden der Afghanen mit jenen unvermeidlichen Neuerungen zu verbinden, die dem Westen trotz ihrer Übel stets noch den Schein einer Vormachtstellung geben.

Wie dem auch sei, wir handelten bei unserer Reise nach unserem Gewissen und zogen die Romantik vor. Wir hätten von Herat aus auf der üblichen Route über Kandahar und Ghasni nach Kabul reisen können; überall hätten wir alsdann auf den öden, heissen Wüstenstrecken Camions angetroffen, hätten Benzin kaufen können und am Ende fast jeder Etappe ein Hotel vorgefunden. Höchstens die Tatsache, dass die Brücke über den Helmand von den Frühlingsregen weggerissen und noch nicht wieder repariert war, hätte dieser bequemen Lösung einigen Abbruch getan. Doch uns lockte die „Strasse des Nordens", obwohl uns der einzige

Europäer Herats ein sehr bedenkliches Bild davon entwarf. Es war ein junger Pole, Spezialist im Strassenbau, der es also wissen musste: Niemals würde ein noch so starker Ford dreissigprozentige Steigungen auf Maultierpfaden überwinden, Flüsse durchqueren und Sanddünen trotzen. Wir wagten den Versuch dennoch. Es galt, von Herat aus in nördlicher Richtung das Gebirge zu überschreiten und das Tal des Murgab zu erreichen, um dann – immer in geringer Entfernung vom Amu-Darja und der sowjetrussischen Grenze – durch die Provinz Afghanisch-Turkestan bis zu ihrer Hauptstadt Masar-e Scherif zu gelangen. Von dort würde uns die Strasse durch den Hindukusch über den Schibar-Pass südwärts und bis nach Kabul bringen. Jedoch, der junge Pole hatte Recht gehabt, die afghanischen Behörden ebenfalls, welche die „Strasse des Nordens" von Herat bis Maimana für Camions gesperrt hatten. Die alte Brücke über den Murgab beispielsweise war weggerissen. Eine neue Brücke, dreissig Meilen flussabwärts, war wohl bereits fertiggestellt, aber dafür existierte auf dieser Strecke die Strasse erst auf den Plänen. Es gab viel Sand, viele Steilrampen, denen unser Ford – und wohl auch ein anderer Wagen – so schnell nicht gewachsen war.

Dazu herrschte in jenen Augusttagen in Turkestan eine solche Hitze, dass wir nur noch in den Abend- oder in den frühen Morgenstunden fahren konnten. Der Wagen kochte und schluckte jene feine, klebrige, alle Poren verstopfende Lösserde, die bekanntlich sehr fruchtbar ist, aber dem Land ein höllisch eintöniges Gepräge gibt.

Wenn wir trotz all dieser Widerwärtigkeiten und ohne den geringsten Unfall durch ganz Turkestan gelangt sind und an jene Gebirgspfade und Halbwüsten des alten Baktrien eine mit reichem Leben bis zum Rand gefüllte friedliche Erinnerung bewahrt haben, so verdanken wir es der afghanischen Gastfreundschaft. Wir sorgten uns nicht mehr, wo wir etwas zum Essen finden, wo wir die Mittagsstunden verbringen würden und was uns die nächste Nacht brächte.

Im ersten Dorf hinter Herat, im Gebirge, empfing uns der Bürgermeister mit zahlreichem Gefolge und bewirtete uns in einem kühlen Zimmer, im Inneren seines festungsähnlichen Hauses. Die Trauben, die er uns aus seinem Garten holen liess, waren süss, feinhäutig und noch warm von der Sonne. Am Abend langten wir in Kala-i-Nao an und wurden von Soldaten durch den kleinen Basar bis zur Residenz des Gouverneurs geführt. In einem von hohen Lehmmauern umschlossenen Blumengarten wies man uns ein neues, offenbar noch nie bewohntes Gästehaus an, brachte uns zuerst Tee und dann die ziselierte Schale mit der schön geschwungenen Schnabelkanne, welche der Diener geschickt zum Händewaschen anbot. Alsdann sass der junge Diener wartend im Garten, beobachtete unaufdringlich jede unserer Bewegungen, unsere Wünsche erratend – da öffnete sich ein Mauerpförtchen und im Fackelschein kam eine kleine Prozession auf uns zu: Bediente im weissen Turban, den Pilaf auftragend, ein Reisgericht mit Huhn, gekochtem und gebratenem Schaffleisch. Schüsselchen mit Gemüse waren dabei, kleine Teller mit scharfen Gewürzen und Quittenkonfitüre, dazu runde, flache Brote, Trauben, Melonen, Pfirsiche. Eine ganze Schlaraffentafel herrlichster Früchte. Der Gouverneur, unser Gastgeber, besuchte uns nach dem

Essen am späten Abend. Am folgenden Tag begleitete er uns mit seinem Wagen durch neue Gebirgstäler bis zu seiner in einem alten Garten gelegenen Residenz von Bala Murgab.

Unterwegs erlebten wir einen festlichen Empfang im Dorf Darrah-e Bum. Auf Pferden wurden wir von der Strasse bis zu dem für uns aufgeschlagenen Zelt geführt. Der Gouverneur ass mit den Männern, und uns brachten Diener eine Schüssel voll Mast und Dugh, eine Art Joghurt, hier saure Milch, mit Wasser verdünnt und mit Kräutern gewürzt. Zum Empfang des Gouverneurs hatte man ein Schaf geschlachtet, das danach, gesotten und gebraten, mit Stumpf und Stiel verzehrt wurde, wobei wir zum Reis noch einige fette Stücke am Spiess serviert erhielten. In Bala Murgab gab es Fische aus dem Fluss, der sich irgendwo bei Merv im Wüstensand verliert, hier aber noch ein frischer, tiefer Gebirgsstrom war. Zwei Tage wohnten wir in der altertümlichen Residenz, wo sich Hof an Hof reiht, mit zahlreichen Dienern und Bewaffneten in den Toröffnungen. Wir schliefen auf dem Dach aus gestampftem Lehm und sahen über die Pappelreihen des Gartens hinweg in die gelbe, von Hitze zitternde Ebene, den Beginn der grossen Steppen Asiens.

Ich erinnere mich an einen morgendlichen Empfang beim Hakim von Kala-e Wali. Es gab – wie überall – roten und grünen Tee. Die Melonen wurden von Kennern aufgeschnitten und gekostet, bevor man uns die geschickt zerlegten Stücke anbot. Durch ein kleines Fenster im holzgeschnitzten Rahmen sahen wir aus unserem dunklen, kühlen Gemach im Serail auf den dörflichen Basarplatz, wo sich Nomaden zu Pferd und zu Fuss, Kameltreiber, Bauern mit ihren Eseln zum Markttag eingefunden hatten. In Kaisar verbrachten wir die heissen Stunden des Tages bei der freundlich-würdigen Gattin und den schönen Töchtern des Bürgermeisters im Garten, wo im Baumschatten Teppiche ausgebreitet und die Tafel europäisch gedeckt waren. Man servierte uns den Reis am Tisch. Nur die Mutter nahm an unserer Mahlzeit teil; die Töchter und Enkelkinder assen gleichzeitig ihren Pilaf auf dem Teppich. Nicht nur den Reis, sondern auch die raren Fleischklösse und in Fett schwimmendes Gemüse fischten sie dabei geschickt mit den Fingern heraus. Ein wenig abseits, neben dem Samowar, machten sich die Dienerinnen über den restlichen Reisberg her, schlitzäugige Usbekinnen in bunten, weiten Hosen. Dann schliefen wir auf Seidenmatratzen, unter hauchdünnen Schleiern, bis es draussen kühler wurde.

Endlich erinnere ich mich an den reichen Mann von Schibargan: Wir waren eines Abends – es mochte gegen neun Uhr sein – in dem von vielen bunten Lampen erhellten Basar angelangt und hatten einen Polizisten gefragt, ob man hier die Nacht zubringen könne. Mit jubelnder Zustimmung war er auf unser Trittbrett gesprungen und führte uns in einen grossen Hof und ins Innere eines dahinter liegenden Gartens. Mitten im Garten war die Lehmterrasse von Petrollampen erleuchtet und mit Teppichen bedeckt. Dort empfing uns der Besitzer, ein freundlicher Mann mit schmalem Gesicht, gescheitem, angenehmem Blick, als ob er uns erwartet hätte. Wir zogen die Schuhe aus, Diener brachten uns Kissen, Tee und das Becken zum Waschen der Hände. In kürzester Zeit war ein üppiger Pilaf aufgetragen. Während wir assen, ging der Mond auf, der Garten verwandelte sich in ein Märchenbild. Obwohl wir leider mit unserem Gastgeber kaum einige Worte wechseln konnten, verbrachten wir noch den ganzen folgenden Tag in Schibargan, sahen die Gärtner, Diener, Freunde und Hausgenossen des reichen Mannes. Bevor wir Abschied nahmen, verspeisten wir mit ihm nochmals ein letztes festliches Reisgericht.

Ein Schweizer fragte mich kürzlich, ob man die Nahrung dieser Einheimischen überhaupt essen könne, und ob ich mich nicht gefürchtet hätte, ohne jeden Schutz bei diesen Leuten zu schlafen. Der gute Mann hatte wirklich keine Ahnung von afghanischer Gastfreundschaft! Obwohl hier verschiedentlich von fetten und würzigen Pilaf-Tafeln die Rede war, ist festzuhalten, dass bei weitem nicht alle Bewohner sich Reis und Schaffleisch leisten können. In den Zelten der Nomaden gibt es oft nur saure Milch und ein wenig Brot. Und in vielen Dörfern haben die Armen nicht einmal das. In Turkestan, wo im Sommer die Gärten und die Basarbuden von Früchten strotzen, habe ich einige Monate später den erbarmungslosen Winter sich ankünden sehen. Da war das gleiche Land nur noch eine von eisigem Wind gepeitschte, von dichten Staubschwaden verhüllte Einöde, und in den Lehmhütten der Bauern ging es recht karg zu. Aber trotz dieser Sorgen wurde ich just zu jener Zeit im letzten Dorf am Wüstenrand von lachenden und winkenden Frauen empfangen. Man führte mich zum Hakim, der auf einem Filzteppich sass und eine Wasserpfeife rauchte. Während man mir Brot und ein Schälchen ungesüssten Tee anbot, umringte mich jung und alt, die Kinder staunten mich an, die schönen Mädchen betasteten meine Kleider,

der Arzt richtete freundlich-ernste Fragen an mich, gab mir ein Pferd und einen Führer mit, damit ich ja den Heimweg nicht verfehle. Echte Herzlichkeit im Wüstendorf und im reichen Garten von Schibargan, diese Tugend macht mir Afghanistan lieb und wert.

Cihil Sutun

In einem der schönen, weiten Gärten der persischen Stadt Isfahan liegt am Ende eines langgestreckten Teiches, der wie eine Wasserstrasse die Rosenbeete durchschneidet, ein kleiner Palast, den sie „Cihil Sutun" nennen. Der Name bedeutet „vierzig Säulen". Und wirklich besteht das anmutige und luftige Gebäude eigentlich nur aus einem Wald schlanker Holzsäulen, die vergeblich emporstreben wie junge Stämme, die in den Himmel wachsen möchten und ein flaches, gewichtloses Dach tragen, während die mit wunderbar zarten Mosaikranken, Blumenspielen und Sternen farbig ausgeschmückte Rückwand in der gedämpften Kühle der Säulenhalle kaum sichtbar ist. Zählt man aber gewissenhaft nach, sind es nur zwanzig Säulen – und wundert man sich dann über den Namen Cihil Sutun, so muss man nur dem Gärtner an den äussersten Rand der Wasserstrasse folgen und sieht in entrückter Ferne die zwanzig Säulen und ihr ebenmässiges, ungebrochenes Spiegelbild.

Es hat aber mit der Zahl vierzig noch eine andere Bewandtnis. Als ich noch nichts davon wusste und auch Afghanistan nur dem Namen nach kannte, erzählte mir ein befreundeter Afghane, in seiner Heimat gebe es vierzig Traubensorten.

„Warum gerade vierzig?"

„Vierzig", sagte er, „bedeutet zahllos, unendlich viel, bedeutet Süsse, unendliche Verschwendung!"

Von Erinnerung und Heimweh überwältigt, sprach er immer nur von der berückenden, vierzigfachen Fülle der

Trauben von Herat und Kandahar. Aber wenn ich ihm zuhörte und sich in mir die Worte von vierzig Traubensorten einprägten und mit der Vorstellung eines Gelobten Landes verbanden, so hatte ich doch damals nicht einmal den Wunsch, dieses Land zu betreten. Man kann, was man nicht mit eigenen Augen gesehen und umarmt hat, nicht wirklich lieben; selbst Sehnsucht ist immer nur verströmende, verblutende Einsamkeit.

Es traf sich, dass ich damals gerade von Persien abreisen wollte, vom Gedanken getrieben, es müsse irgendwo mildere und vertrautere Gegenden geben, ja vielleicht ein Kindheitsufer, die versprochene Erde. Ich glaubte mich der asiatischen Ödnis nicht gewachsen, die ich in ihrer ganzen Grösse, ihrem Schrecken, ihren herzerschütternden Farbenspielen und ihrer vernichtenden, ehernen Macht noch gar nicht ermass! Eigentlich war ich nur reisemüde und wollte nach Hause. Ich fürchtete, ich sei einen Schritt zu weit gegangen und hätte, wenn auch absichtslos, die Grenze des dem Menschen zugewiesenen Bereichs überschritten. Ja, ich fürchtete mich vor der Strafe! Als ob unser Herz nicht alles ertragen, und an allem und nichts zerbrechen könnte, als gäbe es Sünde und Reue – und nicht jene seltenen Augenblicke, die unerwarteten, die gnädigen Begegnungen.

Was hilft es mir jetzt, an die taumelnde Verzweiflung zurückzudenken, von der ich dort ergriffen war, und sie als einen Irrtum zu erklären! Ich hätte federnden Schrittes unterwegs und frohgemut sein sollen? Ich war es nicht. Ich hätte mehr Vertrauen haben sollen in die freundlichen Erdenkräfte, und mich sicher und gefeit fühlen beim verwundenden Anblick flammenfarbiger Horizonte? Ich konnte es nicht und war entsetzlich verwundbar. Ich hätte Rede und Antwort stehen und den Blick zu den Bergen erheben sollen? Oh, ich habe es versucht, und immer vergeblich …

Darum wollte ich mich eines Tages lossagen, ich wusste nicht genau von welchem Schicksal, und glaubte nur zu begreifen, ich sei von einem Unglück getroffen worden, wie es einen jeden treffen kann, und müsse nun abseits stehen, schweigend. Wie leben die anderen, fragte ich mich, wie ertragen sie dieses Land und den morgigen Tag, wie ertragen sie es? Wenn aber noch einmal die Dämmerung des Entzükkens hereinbricht, dieser schattenlose Tag verebbt, die Rehe an der winterlichen, schon in Nebel gehüllten Wiesenböschung stehen; wenn mir noch einmal eine solche unschuldige Stunde beschieden ist, dann will ich die Augen senken und bereuen, auch mich nie wieder in Versuchung führen, sondern es zugeben: Wir seien in einem engen Bezirk nur beheimatet, könnten eine winzige Strecke nur zurücklegen – darüber hinaus aber, in unabsehbarer Ferne, dort landeten an Todesgestaden die Schiffe.

Da konnte mir nun einer von den vierzig Traubensorten und sieben Wundern Afghanistans erzählen, den ragenden Türmen der Musallah vor den Stadtmauern von Herat – von Samarkand, dem Goldenen Tor! Den alten Verzauberungen, unseligen Sehnsüchten erliegen? Der himmelweiten, weltumspannenden Fremde? Gott bewahre mich! Das war kein Gebet, ich hatte keinen Wunsch, und hatte schon alles aufgeschrieben, vergessen. Kein Wort zuviel …

Ich sagte zu mir, dass ich nie wieder nach Asien zurückkehren würde, mochten Afghanistan ein Name, Hindukusch und Turkestan in Schall und Rauch gehüllte Visionen bleiben, Paradiese die glücklichen, unbetretenen Täler. Es schien mir auch selbstverständlich, dass ich nie wieder eine Feder in die Hand nehmen, ein Blatt Papier beschreiben würde. Dieser Beruf schien mir zu beschwerlich, ein beständiges Spiegelbild unseres unerlösten Daseins, das ich ja auch nicht hinnehmen und ertragen wollte. Immer aufs neue der Morgenstunde, dem Tag, der immer wieder entfremdeten Welt begegnen, sie berühren, und dem erschütterten Herzen ein einziges Wort abringen – und wissen: Das ist nicht von Dauer, das ist der Augenblick des Abschieds, schon vergessen. Du aber musst, während du noch erschöpft und von Schmerz erblindet bist, wieder aufbrechen, weiterleben, und wer lohnt es dir? Lohnt sich die Mühe?

Aber ich habe es verlernt, solche Fragen zu stellen. Hingegen blieb in meiner Erinnerung der Klang von Cihil Sutun haften, das Bild seiner zum lichten persischen Himmel strebenden Säulen und ihres in blaue Tiefe tauchenden Widerspiels. Ich habe auch in Herat vierzig und mehr süsse und herbe, vielfarbige und zarthäutige Traubensorten gekostet, bis zur goldenen und kugelrunden, die sie dort die Traube des Königs nennen, und habe im Schatten der gigantischen, in strahlende Farben gekleideten Minarette brütend heisse Augustnächte zugebracht. Auch der unaufhörliche, wie ein Meer brandende Nordwind brachte keine Kühlung, sondern den glühenden Sand aus den Wüsten Turkestans.

Ich habe nicht viel Neues gelernt, aber alles gesehen, alles am eigenen Leib erfahren – und noch in der äussersten Einöde des Lataband nur den starren Schmerz des Abschieds gespürt.

VI.
Nach Peshawar …

Grabmoschee in Masar-e Scherif , Afghanistan, August 1939.

Nach Peshawar …

Während vieler Monate habe ich in Afghanistan von diesem Tag geträumt: dem Tag des Aufbruchs – und mir diese Reise ausgedacht, die Fahrt zum Khyber-Pass, in die wilden Grenzgebirge Indiens – und dann, tief unten, am Ende ungezählter, kühner Kurven, der Blick auf die Ebene des Fünfstromlandes.

Vorbei Mühsal und Gefahr, der zu lange, zu einsame Weg, das zu herbe Klima, vergessen die von pfeifenden Winden heimgesuchten Steppen Turkestans und ihre von gelbem Sandsturm belagerten Oasen, überstanden die gewaltige Verlassenheit des Hindukusch, die schneidende Kälte am Schibar, der Anblick karger Köhlerfeuer, schwarzer Nomadenzelte, im Frühlicht erstarrter Lehmdörfer – und jene Nacht in der Engschlucht von Doab, die nicht enden wollte! Der Himmel war nur noch ein schmaler, blauer und stahlharter Streifen zwischen düster ragenden Felswänden; neben dem abschüssigen Pfad, der kaum zwei Schritte breit war, strömte das dunkle Wasser des Kundus. Vergessen, überstanden!

Nüchtern und kalt hob der neue Tag an, ein Dezembertag wie viele andere; auf den Höhen von Paghman lag Schnee, sie erhoben sich luftig am Rand der goldgelben Kabul-Ebene und verhiessen grössere Fernen, ein Meer von Bergketten und Tälern. Nun war es soweit. Zur längst vorbestimmten Stunde nahm ich also Abschied und fragte mich vergeblich: Wie wurde dies bestimmt, was soll dieser Entschluss, die mit Bitterkeit gekostete Fiktion unserer Freiheit? Und gestand es mir im letzten Augenblick: Ich habe diese Stunde nicht vorausgesehen!

Aber es war zu spät. Der Winter in Afghanistan ist hart. Noch ein paar Wochen oder Tage, dann hätten die Schneefälle den Lataband verriegelt, Lawinen die Strasse nach Indien unterbrochen. Dann hätte ich warten müssen, untätig, unfreiwillig – was noch? Man sprach in Kabul von den Russen, die vielleicht in Turkestan einmarschieren, über den Hindukusch vordringen, Indien bedrohen würden. Man sprach von Benzinknappheit; war es nicht, in letzter Zeit, schon vorgekommen, dass keine der drei Tankstellen der Hauptstadt auch nur ein paar Gallonen zu vergeben hatte? Der Whisky aus Peshawar, aus dem Laden des Mister Gai, war teurer geworden; am Kaminfeuer zusammengekauert, sprach man davon, und von der Schwierigkeit, in der Hauptstadt dieses entwaldeten Gebirgslandes Holz zu beschaffen – schon waren die Schulen ungeheizt! Im einzigen Hotel warteten ein paar stellenlose Tschechen ohne Pass auf die Erlaubnis, über Indien nach Frankreich zu reisen und in die Legion einzutreten, von der sie gerüchtweise etwas vernommen hatten. Ein Erdbeben erschreckte uns. Mitten in der Nacht flog die Tür meines Zimmers auf, ein unheimlicher Wind fegte draussen über die froststarren Gartenbüsche; er kam weder von Norden noch von Süden, er war wie aus dem Himmel gefallen, und gleich wieder verstummt. Allerhand Wolken zogen sich an ungreifbaren Horizonten zusammen; wir sassen am Radio, hörten von flammenden Dörfern und erfrorenen Bataillonen in Finnland. Wir waren weit weg, der Khyber-Pass noch offen, und wie jeden Herbst zogen endlose Kamelkarawanen, ganze Nomadenvölker mit Zelten und Hausrat, von ihren hohen Weiden im Hindukusch hinunter in ihre Winterquartiere jenseits der indischen Grenze. An einem hellen Morgen sah man im Norden, in einem fleckenlosen Himmel, die silbernen Flügel des russischen Fliegers, der gelegentlich den Flug wagte von Taschkent nach Kabul. Auf schaumbedeckten Pferden ritten wir durch das bräunlich schimmernde Lowgar-Tal und zurück, heimwärts, durch den samtigen Talgrund. So wurde es immer wieder Abend. Ich hatte ein paar bescheidene Wünsche: dass Mister Gai ein neues Farbband aus Peshawar für meine Schreibmaschine schickte, dass die amerikanischen Zigaretten nicht ausgehen würden im kleinen Geschäft neben der Kabul-Brücke, am Eingang des Basars. Dass mir ein guter Freund sein gutes, schnelles Pferd leihen würde für die nächste Jagd, und dass die Erde unter den Hufen weich sein, die Sonne gnädig scheinen würde.

Sie schien immer wieder, und verwandelte zu früher, noch beklemmender Stunde die trostlose Dämmerung in den leuchtenden Anbeginn junger Tage! Es ist nicht nötig zu hoffen, um etwas zu unternehmen; es ist nicht nötig, erfolgreich zu sein, um auszuhalten!

So lebten wir in Kabul. Es war eine bescheidene, zahlenmässig kleine Kolonie von Europäern, und sie tauften ihre Kinder und bereiteten gerade das Weihnachtsfest vor, als ich abreisen musste. Man riet mir, in den schönen Mongolengärten von Nimla Halt zu machen und in Dschalalabad zu übernachten. Dschalalabad? Ich erinnere mich, diesen Namen vor Monaten oder Jahren gehört zu haben, dort musste eine Strasse abzweigen in das heilige, verbotene Kafiristan. Aber seine Dörfer waren jetzt, in dieser Jahreszeit, unter tiefem Schnee begraben, und die Strasse war vielleicht nur ein Saumpfad. Nachher, sagte man mir, fährst du durch eine weite, von weissen Ketten herrlich umrahmte Ebene, überholst ganze Völkerwanderungen von Nomaden, die nach Süden ziehen, und erreichst das zwischen kahlen Hügeln sehr einsam liegende Dakka, den afghanischen Grenzposten. Gegen Mittag schon bist du am Khyber!

Es traf alles so ein – nur hatten sie, die Freunde in Kabul, vergessen, mir vom Lataband zu sprechen, einem bedeutenden Pass, der höher führt und schwieriger, gefährlicher, dramatischer ist als der berühmte Khyber-Pass. Ich werde ihn nie vergessen. Vielleicht ist es nur die unheilbare Wunde des Abschieds, jene schwer zu beschreibende, gleichsam inhaltslose, nur dem blinden und tauben Mut gewidmete Stunde; vielleicht ist es jener letzte, der unwiderrufliche und schon vergangene Augenblick, als der freundliche Alte im Turban das Tor aufstiess, und ich mir sagte: Du musst das Steuer des Wagens fest in der Hand halten – in der Hauptstrasse von Kabul ist der Lehm aufgeweicht, fusstief –, du musst noch Benzin fassen, den Weg finden, du musst, *musst* ..., und mich dann wiederfand auf der Heerstrasse Alexanders, und keine Träne vergoss, keinen Blick rückwärts wandte. Der Lataband war eine Bergödnis, in totes Licht getaucht, mit einer Unzahl Karawanen. Ob es nützlich ist, diesen Weg zurückzulegen, Meile um Meile, und so weiterzuleben, unwiderruflich?

Die Haine der mongolischen Gärtner in Nimla – in Mondlicht getaucht. Dann wieder Ödnis, der immer vergebliche, immer erneuerte Mut. Am Khyber-Pass fragten mich englische Zollbeamte nach meinen Papieren. „Wann sind Sie zum letzten Mal über diese Grenze gekommen?“ Ich hatte viel Mühe, ihnen zu erklären, dass ich nie über diese Grenze gekommen war, sie noch nie gesehen hatte. Woher des Wegs, Fremdling?

Sie staunten ein wenig. Über Persien, Turkestan ... Gewiss doch, alle Wege sind offen, und führen nirgends hin, nirgends hin.

Am gleichen Tag noch erblickte ich Indien. Auf der asphaltierten Khyber-Strasse flog der Wagen dahin, Wachttürme, Eisenbahnschienen, die Mauern des Fort Jamrud, der Bahnhof von Landi Kotal, Kurven, Signale, mir stockte der Atem. Und ich schrie mir zu: Du hast dich doch selber entschlossen, führst doch selbst das Steuer! Aber es waren Worte, Worte.

Da lag, am Ende kühner Kurven, Indien. In der unermesslichen Ebene strömten der Indus und der Kabul-Fluss zusammen, am Rande der Strasse knieten betende Männer. Anhalten, einen Blick tun – wo ist das Versprochene Land? Trauer, Rührung ohnegleichen – und ich erinnere mich an die in ehernes Licht getauchten Zinnen des Hindukusch. Ich werde sie nie wiedersehen.

Aden, eine Morgenvision

Ich war es gewohnt, jeden Kilometer zu zählen, und jeden Fussbreit Landes zu gewinnen, vom Simplon-Pass und den Ebenen Italiens, den Hügeln Jugoslawiens, den Donaubänken und bulgarischen Rosenfeldern bis zu den glänzenden Toren, Türmen und Menschen Istanbuls, vom Schwarzen Meer und dem lieblichen Ufer von Trapezunt bis zum Fuss des einsam in die Wolken Anatoliens ragenden Ararat, vom Felsenstädtchen Maku bis zum blauen Gebirge von Täbris und zum ewigen, schneegestreiften Gipfel des Demawend, von den heissen, in Fieberdunst gehüllten Niederungen der Kaspisee bis zum einsamen Mongolengrab am Rand der Turkmenensteppe – und immer weiter, bis zum goldenen Dom der heiligen Stadt Meschhed, bis zur Wüstengrenze zwischen Persien und Afghanistan, bis zu den unsterblichen Minaretten der Musallah vor Herat, bis zum Murgab, der bei Merv sich im Sand verliert, bis zum Oxus-Ufer und den einsamen, windgepeitschten Weiten Turkestans, bis zu den Engschluchten und herrlichen Hindukusch-Pässen, bis Kabul und Ghasni, bis zum Khyber, dem Tor Indiens – und, Tausende von Meilen weit, durch die im Mondlicht gebadeten Länder, die von Teppichen, Teichen, Blumengärten und weissem Marmor schimmernden Städte Hindustans bis nach Bombay. Dort war das Meer und das Ende meiner Reise, und ich sah, während ich im lauen Salzwasser der sanft geschwungenen Bucht von Bandra schwamm, einen Horizont von Palmen, Strohhütten, weisse Rinder, und hörte die Sirenen heimkehrender Schiffe.

Der Indische Ozean, das Arabische Meer – jetzt ist alles anders, ganz anders, die Geduld erschöpft, der Wille gelähmt wie im Traum, und der Mond ist untergegangen, der Dampfer stampft sich seinen Weg, westwärts. Ich brauche nur zu warten, wie die anderen Reisenden, und werde eines Tages in Genua landen. Man verlangt wenig von uns; nur dies, täglich unsere Uhr eine halbe oder ganze Stunde zurückzustellen, denn wir umsegeln den Erdball, sind im Wettlauf mit der Sonne begriffen!

Aden, Mocha, Massaua, Rotes Meer oder Suez-Kanal, Port Said – nur Stationen am Wege, nur Namen, bedeutungslos, sich verflüchtigend. Für unsere Heimkehr bleibt es sich gleich, ob das Meer dem Blick unendlich scheint, von Sonnenlicht und leichter Brise gekräuselt, oder ob Ufer sich zeigen, Wüsten sich spiegeln, Felsen sich häufen am Rand des Glücklichen Arabiens. Wie viele Meilen, wie viele Tage, wie viele Papierfähnchen auf der meinetwegen imaginären Weltkarte? Aber es ist heiss, die Luft bleiern, der Schlaf schwer – und die Stunden streichen über das Deck, über mich hinweg, sind ohne wirklichen Gehalt.

Ich zähle an den Fingern: vier Tage seit Bombay, und höre einen sagen, der neben mir an der Reling lehnt und sich das nachtschwarze Meer anschaut: „Morgen sind wir in Aden. Ein trostloses Nest! Nichts zu sehen, kein Fleckchen Grün, kein Tempel, kein Denkmal, kein anständiges Restaurant zu finden, die Bar im Crescent Hotel ist ein Witz, die Preise sind unerhört, das Klima entsetzlich. Es lohnt sich nicht, an Land zu gehen!"

Und sein Nachbar, ein Schiffsoffizier, kündigt an: „Man wird es den Passagieren ohnehin nicht erlauben. Wie lange wir bleiben? Niemand weiss es, vielleicht zwei Stunden, vielleicht zwei Tage. Jawohl, das kommt vor, es hängt von den englischen Hafenbehörden ab. Es ist Krieg, mein Herr, Krieg – und unsere Gesellschaft, die italienisch und neutral ist, übernimmt keinerlei Garantie für den ungestörten Verlauf der Reise …"

Im Traum dann, ein wenig später, erinnere ich mich an eine Schulstunde: „*Aden,* liebe Kinder, am Persischen Golf, am Golf von Oman, am Panama-Kanal? Aber schämt euch, welche Verwirrung! Denn Aden, merkt es euch, und schreibt es zur Strafe fünfzig Mal, liegt an der Südwestecke Arabiens, am Eingang des Roten, nicht des Toten Meeres, zwischen Asien und Afrika, und ist eine höchst wichtige Festung des Britischen Weltreichs."

Ich träumte auch von der Königin von Saba und besann mich verzweifelt auf den schönen Namen Hadramaut, wo die Wolkenkratzer mitten in der Sandwüste erfunden wurden. Träume, natürlich Träume, und nicht mehr! Als ich erwachte, musste es das gewöhnliche Schauspiel sein, Morgennebel, ein wenig Gelb am Horizont des von den Dichtern gepriesenen Meeres – und eines neuen Tages trauernde Wiedergeburt.

Da sah ich Felsen, und das Stampfen der Maschine setzte aus. Die Sonne mochte aufgegangen sein – die unzuverlässigen, dauernd in Sprüngen sich verändernden Schiffsuhren zeigten acht Uhr –, aber der Himmel war grau, die Schwefelglut verbarg sich hinter einer Herde dichter Wolken, und die Felsen schienen aus einem fürchterlichen Nichts aufgestiegen, und ehern, schwarz – keine glückliche Küste, diese erste Sicht Arabiens!

An Bord unseres Dampfers ging es aufgeregt zu. Den deutschen Passagieren wurden die Pässe abgenommen, Engländer patrouillierten in kurzer Khakihose und Tropenhelm, die Italiener taten sich mit Papieren wichtig und verweigerten jede Auskunft. An Land gehen? Auf eigene Gefahr! Und den Fotoapparat in der Kajüte lassen, gefälligst! Die Abfahrt nach Massaua, dem äthiopischen Zukunftshafen, findet pünktlich statt, wir wissen nicht genau, wann. Jawohl, junger Signore, dies, was Sie vor sich sehen, ist zweifellos Aden ...

Und ich befand mich an Land, zweifellos in Aden. Die schwarzen Felsen bildeten eine Arena und waren kahl, baumlos, ohne Quellen, und schienen keinen Schatten zu werfen. In ihren grausamen Schoss gebettet lag diese menschliche Siedlung: Aden. Alle drei, alle zehn Jahre fällt Regenwasser und füllt die gigantischen, dem Stein abgerungenen Tanks, die einige Millionen Liter fassen und aus grauer unbekannter Vorzeit stammen. Sie werden heute noch von den schwarzen Kulis benutzt und steigen in von Staudämmen geformten Kaskaden von der Felsenhöhe durch eine Engschlucht bis zum Meer hinab. Acht Annas, bitte, um die Gärten zu betreten und unsere Tanks zu besichtigen! Die Gärten! Ein wenig Grün, morgenfrisch, wie Smaragd gebettet in unsere Ödnis, in der wir leben und Basargassen, Kasernen, Häuserbaracken haben; einen englischen, einen arabischen und einen sehr grossen jüdischen Friedhof; Hospitäler, Schulen, Polizeiposten, eine Radiostation, ein Hotel, ein Café. Dort frühstücken gerade sieben junge, blonde Engländer, und nebenan werden Rupien in Pfund Sterling, Pfunde zu günstigstem Kurs in Lire gewechselt, und japanische Kimonos, amerikanische Zigaretten zu Schleuderpreisen verkauft. Eine asphaltierte Strasse führt vom Hafen empor, wo dreieckige Segel sich am Mast breiter meertüchtiger Kähne bauschen: von schwarzen, schmaläugigen, schmalhüftigen, mit wunderbar heiterem Sünderlachen begabten Knaben gesteuert. Dort drüben, wo weisse Pyramiden gleissen, ist der Strand flach, ist die Hitze unwahrscheinlich: Es handelt sich um die von Italienern ausgebeuteten Salinen.

Aber zwei Felsen rücken zusammen und bilden eine Passhöhe und ein Tor – Festungsmauern eilen von den Höhen herab, treffen sich, wölben sich zur Brücke über der Strasse, das Meer bleibt zurück, die Arena schliesst sich – und das Dächermeer zu meinen Füssen ist das alte und echte Aden, die Stadt der Hindus, Araber, Mischlinge und Negerknaben: ein schmutziger und armseliger, ein uralter, von Geheimnissen beladener, an Elfenbein und Sandelholz reicher, in hellen Nächten von Alabaster schimmernder Ort. Mein Führer meint es gut mit mir, er zeigt mir das neue Kino und das Gefängnis, dessen gelbe Mauern mit Flaschenscherben gespickt sind, die Stacheldrahtzäune um die Baracken der Strafbataillone, die Kanonen auf den Felskämmen – es sind ihrer Tausende, diese Festung ist uneinnehmbar –, die Schulen für kleine Mädchen und die englische Kirche, und schenkt mir, während er anderthalb Rupien oder zwei Schillinge für die Wartezeit berechnet, eine hellrote Blume aus dem – weiss Gott! – wunderbar bewässerten Garten namenloser arabischer Könige.

Ich verdanke es einem Zufall, das in den Alabaster gekerbte Antlitz von Saba und ihren in wunderbar klug anmutender Bilderschrift auf die mondfarbige Stele gesetzten Namen zu erblicken. Denn ich fand das Museum eines Juden: einen Kellerraum. Es kostete sechs Annas, das rostige Schloss öffnen zu lassen. Da reihten sich die Münzen, die zerbrochenen Füsse, die Kettenhemden, da schauten Hunderte von Alabastergesichtern, bärtigen Ahnen, Königen, Göttern, Priestern langnäsig und eintönig auf mich herab, neben sich ihre blutrünstigen, sanften, ausdruckslosen Mond- und Muttergöttinnen. Mir verschlug es den Atem, ich war froh, das Freie und die salzige Meerluft zu gewinnen. Einen Whisky! Einen arabischen Kaffee, ein französisches, pseudoenglisches Gebäck, eine Camel-Zigarette!

Und alles war zu haben. Die jungen Engländer, den Tropenhelm unter den Arm geklemmt, bestellten Steak und Pommes frites. Die Sonne von Aden brach endlich aus machtlos zergehenden Wolken hervor.

Ich erinnere mich nicht genau, wie ich das Meer und die Schiffstreppe wieder erreichte. Die Maschinen stampften und dröhnten, ich richtete den Zeiger meiner Uhr und bemerkte, dass es Abend geworden war.

Aden, sagte ich mir, Aden, das war Aden, hämmerte ich mir ein. Und sah durch das runde Lukenfenster die Vision einer Felsenarena, in das unsterbliche, am Morgen wiederkehrende Weltall-Licht getaucht, und einen dunkelhäutigen Knaben, der seine nackten Füsse gegen die Wand seines schweren, uralten Ruderbootes stemmte, ohne Abschiedsgruss.

Die Reise durch den Suez-Kanal

Von dieser Reise ist nicht viel zu berichten. Es ist der gewöhnliche Heimweg der Schiffe aus Indien, die von Bombay bis Genua ungefähr dreizehn Tage brauchen, und in Aden, Port Said Halt machen, vielleicht noch in Massaua, einem italienischen Hafen in Eritrea. Wir fuhren durch das Arabische Meer, das Rote Meer, den Suez-Kanal und das Mittelmeer. In Port Said sollte das Wetter plötzlich umschlagen und ein richtiger, europäischer Winter einsetzen. Bisher war es heiss gewesen, man spürte die tropische Feuchtigkeit Indiens, dann den Gluthauch aus den Wüsten Arabiens.

In Massaua musste das Klima afrikanisch sein; die Italiener trugen selbst jetzt, im Januar, den Tropenhelm und weisse Uniformen. Die Sonne brach aus Abendwolken hervor, ihre Strahlen fielen wie Regen und trommelten auf die Wellblechdächer des Hafens. Die ganze, recht hässliche Stadt bestand aus Warendepots, Zoll- und Amtsgebäuden, Exporthäusern und pseudoitalienischen Cafeterias. Man trank italienische Liköre, zahlte mit italienischem Geld, und las da und dort, auf dem Schild einer Transportgesellschaft, den Namen Addis Abeba. Hinter der Stadt begann gelbes, baumloses Hügelland. In einer Lagune schwamm eine ganz mit dichtem, hohem Buschgrün bedeckte Insel.

Unter dem Sonnendach einer kleinen Bar am Quai trank ich einen echten, sehr starken Kaffee, meine Nachbarn waren Hafenarbeiter und ein junger Matrose. Negerknaben kauerten am Dock und überwachten die schweren Taue unseres weissen Dampfers „Biancamano“. Als ich die Dampfsirene hörte, ging ich wieder an Bord. Alle Stewards und Matrosen, die Ausgang bekommen hatten, brachten kleine Säcke mit Kaffee aus der Stadt zurück, den sie für ihre Familien zu Hause in Italien gekauft hatten. Die Kapelle spielte die Giovinezza und Militärmärsche. In der Dunkelheit schien das Meer glatt und seidig, kleine Fischerboote mit dreieckigen Segeln glitten wie Vögel an uns vorüber: Das ist alles, was ich von Eritrea gesehen habe.

Die Küste Arabiens kam schon seit Aden nicht mehr in Sicht. Und in Aden war Arabien ein Felsentheater gewesen, eine Vulkanlandschaft ohne Vegetation, Festungen auf allen Kämmen, Stacheldraht, Baracken – am flachen Strand jenseits des Hafens die weissen Salzberge einer Saline. Ich hatte mir Arabien ganz anders vorgestellt: Wüstensand, Elfenbeinglanz, Kameltränken, die begrabenen Städte der Königin von Saba …

Wir brauchten durch das Rote Meer vier Tage. Nie habe ich einen so düsteren Himmel gesehen! Manchmal waren die Wolken schwefelgelb, manchmal schwarz wie Rauch, und das stumpfe Licht stieg wie an Strickleitern zum gekräuselten Meer hinunter. Es gab keine spielenden Delphine und fliegenden Fische. Einmal überholten wir ein Felsenriff mit einem Leuchtturm und einer Baracke. Es war ganz weiss und glänzte wie sonst nur die Fata Morganas von Palmen und goldenen Moscheen am Horizont Syriens.

Man hat uns in Suez nicht an Land gehen lassen. Viele Passagiere waren enttäuscht. Sie hatten einen raschen Ausflug nach Kairo geplant: einen Kamelritt zur Sphinx und zu den Pyramiden, Besuch der Schätze Tut-ench-Amuns im

Museum, Lunch in einem Luxushotel, Besichtigung des alten Basars, Nachtessen im Speisewagen – und am gleichen Abend hätten sie in Port Said das Schiff wieder erreicht. Ägypten in zwölf Stunden, für fünfeinhalb Pfund Sterling!

Statt dessen lagen wir lange vor Suez, und ich sah in der flachen Bucht die Wüste ihren Anfang nehmen: Aus dem schönen, klaren Blau des sanft verfliessenden Meeres wuchs der gelbe Sand und strömte in breiten Wellen landwärts, da war zwischen Wasser, Himmel und ebener Erde keine Grenze mehr zu spüren; alles glitt ohne Hindernis dahin, Elemente des gleichen hauchzarten Lichts. Als wir dann endlich in den Kanal einbogen, einen Lotsen an Bord und mit halber Maschinenkraft, und die weissen Gebäude und die städtische Promenade des auf einer Halbinsel künstlich angelegten Ortes Suez hinter uns liessen – da glich dieser doch helle, doch sonnige Tag einer Mondnacht, und es war, als hätten wir auf eine neue und unbegreifliche Weise den festen Boden unserer Welt verlassen. Der Kanal ist, sicher, Menschenwerk. Er ist etwa hundert Meilen lang, eine Autostrasse läuft neben ihm her und eine Bahnlinie; es gibt unterwegs kleine Stationen, Signale, Meilensteine. Auf einer Sanddüne erheben sich zwei mächtige, zueinander geneigte Obelisken: „1914 Défense du Canal de Suez 1918“, zur Erinnerung an die Toten des letzten Weltkriegs. Man fühlt sich bei diesem Anblick merkwürdig angerührt: demütig und gleichzeitig stolz. Aber noch merkwürdiger, noch unbegreiflicher ist der Anblick der Wüste. Auf der stillen, ebenmässigen, künstlich blauen Wasserader zwischen leise rieselnden Sandufern durch diese ungeborene und unfruchtbare Welt zu gleiten, die dem All benachbart, der unaussprechlichen Trauer verwandt ist …

Ein Möwenschrei, ein vorübergleitender Kahn ägyptischer Fischer gereichte mir zum Trost. Ich wusste auch, und versuchte es mir richtig vorzustellen, dass im Westen, und in nicht allzu grosser Entfernung, der Nil seit abertausend Jahren ein grosses Tal bewässert. Ich erinnerte mich an die pflügenden Wasserbüffel, an die fleissigen Fellachen – an die Anmut der goldgeschminkten Pharaonentöchter. Aber als es Abend wurde, die Sonne glitt wie ein sanft verzehrendes Himmelsfeuer über die randlosen Horizonte, da erinnerte ich mich an nichts mehr. Die Fahrt würde nie ein Ende nehmen, wir würden nie mehr ein Ufer betreten, nie mehr die lebendige Erde berühren können, nie mehr Tau atmen und leichten Wind in der Morgenfrische!

Als unser Dampfer um Mitternacht die langen Hafenmauern von Port Said erreichte, brachte uns ein kleines Boot durch einen wahren Festkranz von schwankenden Lichtern an Land. Am Quai war das Warenhaus von Simon Artz geöffnet und harrte der Fremden. In den Querstrassen warteten Taxichauffeure, Zigarettenhändler, Geldwechsler und Zuhälter. Das Cabaret des Oriental Exchange Hotel war bereits ziemlich verödet; die geschminkten Mädchen hatten ihr Programm absolviert und tranken in dürftigen Abendkleidern mit aufgeschwemmten älteren Offizieren. Die Kapelle spielte bis um zwei Uhr und tat ihr Möglichstes. Um vier Uhr waren die Geschäfte geschlossen, die meisten Touristen auf den Dampfer zurückgekehrt. In traurig erleuchteten Kneipen hingen Matrosen erschöpft an der Theke und liessen sich ihr Whiskyglas auffüllen. In abgelegenen

Gassen strichen arabische Burschen umher und machten in französischen und holländischen Brocken halblaute Angebote. Einer zauberte lebendige Küken hervor und liess rohe Eier auf dem holprigen Pflaster tanzen, ein anderer flüsterte böse: „Haremsdamen, schöne Fotografien, die sieben echten ägyptischen Plagen und Tänze." Und hinter rot beleuchteten Vorhängen, schäbigen Türen, muffig riechenden Treppenaufgängen sassen in grellen Zimmern die bemalten Mädchen, nackt unter ihren Kimonos aus abgegriffener Seide, und warteten bis zum fahlen Dämmerlicht.

Der mit weissen Lampen geschmückte Dampfer gleitet in das offene Mittelmeer hinaus. Wir treten die Heimfahrt an. Port Said ist hinter mir, die Nacht ist überstanden. Und ich lasse Ozeane zurück, Wasserstrassen, Gebirge, die Weiten Indiens. Ich vergesse den Wüstenrand, den Khyber-Pass, das gehäufte Mass der Fremde. Ich vergesse, vergesse!

In der ersten Stunde des neuen Tages, im kalten und starken Wind, der schon unsere Heimatküsten erreicht, ja, in diesem einzigen Augenblick ewig wiederkehrender Reue begreife ich: Was uns so erschüttert, ist immer wieder der Morgenglanz des Aufbruchs!

Annemarie Schwarzenbach in Taschkurghan, Afghanistan, Oktober 1939.

„Meine ins Ferne und Abenteuerliche verbannte Existenz“[1]

„Sei sie unnütz, / diese Reise. Unnütz und wesentlich.“[2]
Fabio Pusterla

I

„Da kam (...), am 31. [Dezember 1938], Ella Maillart mich besuchen (...) ich lebte auf, und fand ein so unerwartetes Echo, eine so direkte Beziehung, eine so zweifellose Gemeinsamkeit des Antriebs und [der] Gedanken, dass ich beruhigt und beglückt war: ich sei auf keiner abwegigen Spur.“[3] Mit diesen Worten kündigt sich der Beginn eines der ungewöhnlichsten Unternehmen von zwei Frauen in der Schweizer Kulturgeschichte des 20. Jahrhunderts an. Die Urheberin dieser Zeilen, Annemarie Schwarzenbach, befand sich zu jener Zeit in einer Klinik in Yverdon, wo sie sich einer Drogenentziehungskur unterzog. Sie hatte die Genfer Reiseschriftstellerin Ella „Kini“ Maillart (1903–1997) im Frühherbst 1938 in Zürich persönlich kennengelernt. Diese hatte sich international einen Namen gemacht durch abenteuerliche Reisen nach Asien, über die sie in Wort und Bild berichtete.[4] Auch Annemarie Schwarzenbach genoss in der Schweiz einen gewissen Bekanntheitsgrad durch ihre Artikel und Fotoreportagen über Reisen in Europa, nach Asien und den USA.[5] Beide waren Pionierinnen in ihrem Bereich und zählten zu den Vertreterinnen einer neuen, unabhängigen und unerschrockenen Generation von Frauen. Man darf ruhig sagen: Annemarie Schwarzenbach und Ella Maillart standen Ende der dreissiger Jahre im Zenit ihrer Laufbahn.

Als Annemarie Schwarzenbach Ende Februar 1939 die Klinik in Yverdon verlassen konnte, begab sie sich in ihr Haus in Sils im Engadin. Dort fand das nächste Treffen mit Ella Maillart statt, dort wurde die Idee einer gemeinsamen Reise nach Afghanistan geboren. Maillarts Wunsch, dieses Land, das sie 1937 bereits mit dem Bus bereist hatte, nochmals aufzusuchen, war an den fehlenden Finanzen und einem für die strapaziöse Reise geeigneten Auto gescheitert. Durch Schwarzenbachs Hinweis, ihr Vater würde ihr ein neues Auto – einen Ford – schenken, war zumindest eine Bedingung für die Realisierung dieser Idee erfüllt: „Einen Ford! Das ist der Wagen, mit dem man die neue Hasarejdschatstrasse in Afghanistan hinauffahren sollte! Auch Persien sollte man im eigenen Wagen durchqueren.“[6]

Doch bevor man sich an die konkrete Vorbereitung der Reise machen konnte, musste das Für und Wider einer solch physisch wie psychisch schwierigen gemeinsamen Unternehmung genau überlegt werden. Würde Annemarie Schwarzenbach, die sich von der mehrmonatigen Entziehungskur und der verzehrenden Niederschrift eines Buches noch kaum erholt hatte[7], gesundheitlich eine solch anstrengende Fahrt bestehen? Würde es Ella Maillart mit einer von persönlichen und politischen Katastrophen terrorisierten Gefährtin[8] überhaupt lange aushalten? Sie, die im Gegensatz zu Schwarzenbach[9] schon lange nicht mehr mit einer Frau gereist war? Und hatten ihr Freunde von dieser Reise nicht abgeraten?[10]

Trotz dieser Bedenken liess sich Ella Maillart – wie viele – von Annemarie Schwarzenbachs Wesen und Ausstrahlung bezaubern.[11] Nachdem die Jüngere ihre Bewunderung für die unerschrockene und mutige „Kini" auch in einer Buchbesprechung[12] ausgedrückt hatte, überwogen die Liebe für das Reisen, die Sehnsucht nach den Weiten Asiens und eine gewisse Entdeckungslust die charakterlichen und weltanschaulichen Unterschiede. Selbst Schwarzenbachs Mutter Renée – den eigenwilligen, oft riskanten Lebensformen und Plänen der Tochter nicht gerade wohlgewogen – plädierte für die Durchführung des Unternehmens: „Man muss einmal etwas riskieren können, – vorausgesetzt, dass Du überhaupt Deinen Beruf weiter ausüben willst. Und eine Chance wie diese, mit Fräulein Maillart zu reisen, wirst Du nicht oft haben, – vielleicht nur einmal."[13]

II

Keine der vielen Reisen Annemarie Schwarzenbachs wurde so professionell und perfekt vorbereitet wie diese nach Afghanistan. Im Mittelpunkt stand dabei die Wahl des Autos. Man entschied sich, nach diversen Abklärungen, für einen Ford Roadster de luxe, 18 PS. Dieser wurde in einer Zürcher Garage für die extremen Anforderungen speziell ausgerüstet. Zudem liess sich die begeisterte Autofahrerin Annemarie Schwarzenbach vermutlich in einer Garage im Engadin mehrmals in die technischen Geheimnisse ihres neuen Wagens einweihen, da man in den abgelegenen Gegenden kleinere Reparaturen selbst ausführen musste. Mit dem Auto und der vorgesehenen Route verbunden war das Besorgen von geeignetem Kartenmaterial, von Fahrausweisen und -bewilligungen. Es wird sich während der Fahrt übrigens zeigen, dass mit Schwarzenbachs Diplomatenpass

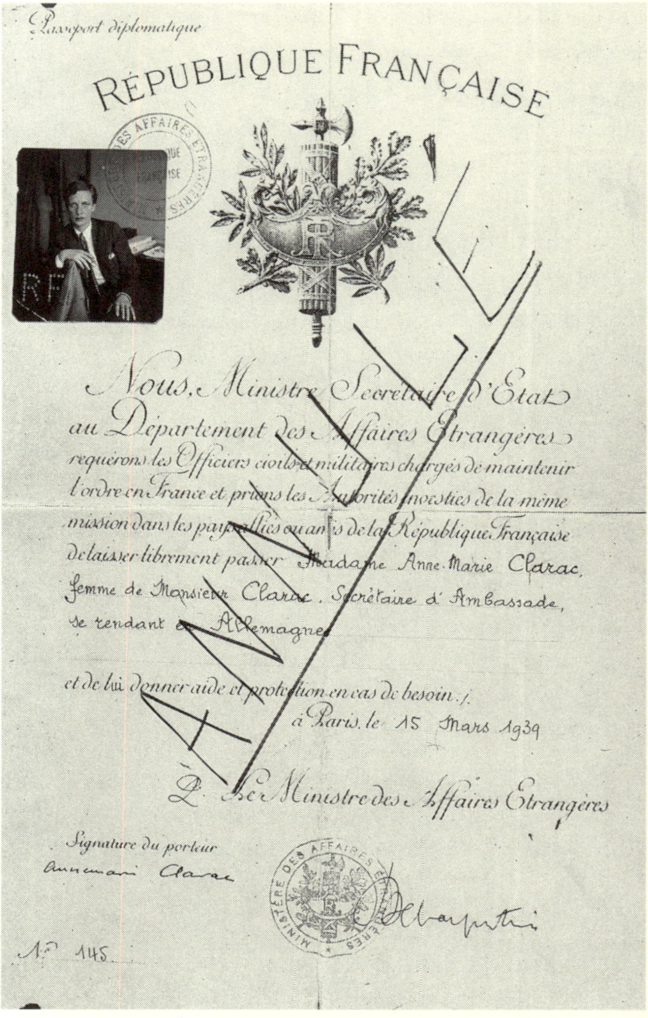

Passeport diplomatique

RÉPUBLIQUE FRANÇAISE

Nous, Ministre Secrétaire d'Etat
au Département des Affaires Etrangères
requérons les Officiers civils et militaires chargés de maintenir
l'ordre en France et prions les Autorités investies de la même
mission dans les pays alliés ou amis de la République Française
de laisser librement passer Madame Anne-Marie Clarac,
femme de Monsieur Clarac, Secrétaire d'Ambassade,
se rendant en Allemagne

et de lui donner aide et protection en cas de besoin./.

à Paris, le 15 Mars 1939

P. Le Ministre des Affaires Etrangères

Signature du porteur
Annemarie Clarac

No 145

ANNULÉ

Ministère des Affaires Etrangères

Französischer Diplomatenpass von Annemarie Clarac-Schwarzenbach, ausgestellt in Paris am 15. März 1939. Als Passfoto verwendete A.S. eine Aufnahme von Marianne Breslauer.

Erste Seite des Diplomatenpasses mit Visa für Deutschland, Italien, die Türkei, den Iran (ausgestellt durch die ägyptische Botschaft) und Afghanistan. (Nachlass Suzanne Öhmann)

einige sonst unübersteigbare Hürden überwunden werden konnten.

Viel Platz im Auto nahm die Ausrüstung für die publizistische Auswertung der Reise ein. Neben Schreibmaschinen wurden Fotoapparate, eine Filmkamera sowie zahlreiche Filme eingepackt. Um sich die Reise finanziell zu ermöglichen, hatten die beiden Frauen einen Vertrag mit der Zürcher Presse- und Fotoagentur Wehrle abgeschlossen, die ihnen einen Vorschuss von Fr. 1'000.– bezahlte. Weitere Vorschüsse bezog Annemarie Schwarzenbach vom Morgarten-Verlag für ein Buch über diese Reise sowie von der „Zürcher Illustrierten" und der „Weltwoche", für die sie schon früher gearbeitet hatte. Im Mai 1939 begaben sich die beiden Frauen nach Paris, London und Berlin. Dort besuchten sie Museen, Konsulate, Verlage, geographische Gesellschaften usw. und sprachen mit zahlreichen Fachleuten, um zusätzliche Informationen zu erhalten über die Routenwahl und die Kultur und Politik der Länder, die sie besuchen wollten.

Auch über den Sinn und Zweck der Reise nach Afghanistan haben sich die beiden Frauen intensiv Gedanken gemacht. Annemarie Schwarzenbach wollte durch die Reise ihr Leben, das 1938 ziemlich aus den Fugen geraten war, wieder in den Griff bekommen, es dank einem klar definierten Ziel besser strukturieren. Sie nahm die anstrengende Fahrt auch als Anlass, um sich unter der Obhut der moralisch integren Ella Maillart von den Verführungen des Morphiums fernzuhalten. Bliebe sie in der Schweiz, würde mangels einer befriedigenden Lebensaufgabe der Kreislauf von Depressionen und deren Besänftigung durch Einnahme von Drogen wieder einsetzen. Deshalb wollte sie die Reise ausdrücklich nicht als „Flucht", sondern als eine „Notwendigkeit[14] verstanden wissen.

Ella Maillart, die nur reiste, „wenn es unbedingt nötig für mich ist, wenn ich nicht anders kann"[15], interpretierte ihr Interesse an dieser Fahrt vordergründig als ein ethnologisches, hatte sie doch die Absicht, in Nuristan, einer abgelegenen, kulturell einzigartigen Region in Afghanistan, Sitten und Gebräuche zu erforschen. Wie ihre Begleiterin wollte sie durch die Begegnung und Erforschung von fremden Verhaltens- und Denkweisen das Unternehmen auch als einen Weg zur Selbsterkenntnis begreifen.[16] Unbestritten ist, dass beide Frauen von Afghanistan fasziniert waren, weil dieses archaische, kulturell ziemlich eigenständige und politisch unabhängige Land weit entfernt lag von Europa mit seinem politisch unsicheren Klima. Der Überdruss an verschiedenen negativen Erscheinungen der westlichen Zivilisation verstärkte die Sehnsucht nach einem ursprünglichen, nomadischen Leben in Afghanistan.

Die weitgereisten, erfahrenen Annemarie Schwarzenbach und Ella Maillart, die von ihren früheren Unternehmungen kein grosses Aufheben gemacht haben, waren sich auch diesmal bewusst, dass sie „keine Abenteuer suchten, sondern nur eine Atempause, in Ländern, wo die Gesetze unserer Zivilisation noch nicht galten und wo wir die einzigartige Erfahrung zu machen hofften, dass diese Gesetze nicht tragisch, nicht unumgänglich, unumstösslich, unentbehrlich seien."[17] Dass ihr Vorhaben teilweise scheiterte, lag an der politischen Entwicklung wie an der spezifischen

Konstellation zwischen den beiden Frauen: Die gefährdete, drogenabhängige Annemarie Schwarzenbach entpuppte sich selbst als ein Ausdruck des politisch und moralisch zerrissenen Europa, dem Ella Maillart entkommen wollte.

III

Am 6. Juni 1939 brachen die zwei Frauen mit dem Auto in Genf auf. Die vor der Abfahrt beschlossene Arbeitsteilung funktionierte während der Fahrt mehr oder weniger problemlos. Meistens sass die sehr gute Fahrerin Annemarie Schwarzenbach am Steuer, „da der Wagen zu ihrem Pflichtenbereich gehörte"[18]. Ebenso war es ihre Aufgabe, den Grossteil der Fotografien aufzunehmen. Sie sollten danach in einen gemeinsamen Pool kommen, so dass Ella Maillart diese Aufnahmen auch für die Illustrierung ihres geplanten Reisebuches verwenden konnte.[19]

Während sich Schwarzenbach der fotografischen Tätigkeit widmete, bediente Maillart die Filmkamera.[20] Dass die beiden Frauen zumindest bei dieser Arbeit einen gemeinsamen Standpunkt hatten, zeigt ein Vergleich: Einige Sujets in Fotografien von Schwarzenbach sind gewissen Sequenzen in den Filmen Maillarts verblüffend ähnlich und scheinen Resultat desselben Blickwinkels zu sein. Immer wieder kommt als Sujet das Wunder der Technik – der Ford – in elementaren Landschaften vor, umringt und bestaunt von Einheimischen, als käme der Wagen von einem anderen Stern. Das Auto wird übrigens von den Reisenden fast wie ein menschlicher Partner gehegt und gepflegt, und das Erforschen der technischen Möglichkeiten des Fahrzeugs scheint beinahe so wichtig wie die Entdeckung von äusseren und inneren Landschaften.

Das Privatleben bzw. die gegenseitige Porträtierung wird hingegen nur marginal und eher zufällig thematisiert. Dies verrät eine professionelle Einstellung, welche die Verwertung der Fotos und Filme im Sinne der Dokumentation des Fremden und nicht des Eigenen zum Ziel hatte.

Ende Juli überschritten sie in Persien die Grenze zu Afghanistan. Trotz kleinerer Schwierigkeiten bei der Bewältigung der von Herat nach Kabul führenden Nordroute, die sie vermutlich als erste Frauen mit dem Auto befuhren, erreichten sie gegen Ende August Kabul, „am Rand der bewohnten Welt“[21]. Zuvor hatten sie, wie geplant, in Begram die „Délégation Archéologique Française en Afghanistan“ (DAFA) besucht, mit deren Leiter Joseph Hackin und dessen Frau Ria Ella Maillart bekannt war.

Die unverschleierten Reisenden erregten in diesem mohammedanisch ausgerichteten Land grosses Aufsehen, waren doch, ausser den Nomadinnen, die Frauen in der Öffentlichkeit verschleiert und meist unsichtbar. „Wie lebt man im Schatten des Tschadors?“[22] fragten die beiden emanzipierten Europäerinnen, ohne darauf eine befriedigende Antwort zu erhalten. Die überwältigende Gastfreundschaft der Afghanen liess das Geschlechterproblem ein wenig in den Hintergrund treten. Obwohl es in diesem Land immer wieder Zeichen von bestürzender Unverdorbenheit gab – zum Beispiel die Ablehnung von Geld als Dankesgabe –, musste Schwarzenbach feststellen: „Weder in der Türkei, noch in Persien, noch etwa in den sowjetrussischen Kaukasusländern habe ich den sicht- und greifbaren Einbruch eines neuen, mit der westlichen Technik zusammenhängenden Lebensstils als so bitter, so vernichtend empfunden wie in Afghanistan."[23] Ob ihr und Ella Maillart bewusst war, dass sie für die Beschreibung und Dokumentation einer noch ursprünglichen, natürlichen Lebensweise modernste technische Mittel verwendeten? War diese Technik nicht auch ein Produkt jener westlichen Zivilisation, deren Einfluss sie in Zentralasien mit grosser Sorge betrachteten?

Mit dem Ausbruch des Zweiten Weltkrieges am 3. September 1939 hatte die Politik auch den „sehr weltfernen, weltabgeschlossenen Staat"[24] Afghanistan unwiderruflich erreicht. Zwar konnte Schwarzenbach bis im Oktober noch an Ausgrabungen der DAFA mitarbeiten; Maillart musste hingegen auf den Aufenthalt in Nuristan verzichten. Vor allem der überzeugten Antifaschistin Annemarie Schwarzenbach waren gewisse Vorzeichen des Krieges in Europa und während der Reise nicht verborgen geblieben. Begegnungen mit nazifreundlichen Deutschen verstärkten die düsteren Vorahnungen. In Kabul waren diese Vermutungen Tatsache und eine persönliche Bedrohung geworden: „Jetzt trifft es einen jeden von uns. Und mir ahnt die Unterscheidung zwischen Hitlers grausiger Rolle – und Gottes Schatten über uns."[25] Auch der Schatten der Drogensucht war ihr bis in die Hauptstadt gefolgt – verzweifelt über den Kriegsausbruch, geschwächt durch Krankheit und von einer heftigen Liebe zu Ria Hackin ergriffen, konnte sie den Verführungen des Giftes nicht mehr widerstehen. Ella Maillart interpretierte dies als einen Bruch des vor der Reise geschlossenen Paktes mit der Freundin. Gleichzeitig warf sie sich vor, in ihrer Rolle als Beschützerin versagt zu haben. Die moralisch in die Enge getriebene Schwarzenbach fühlte sich von den gutgemeinten Ratschlägen der Älteren noch mehr überfordert. Maillart musste sich später eingestehen, dass ihre Sorgen um die psychisch instabile Freundin diese Reise entzaubert hatten.[26]

Je mehr die Politik den Alltag in Kabul dominierte, desto stärker traten die schon vor der Reise aufgetretenen Unterschiede in den diesbezüglichen Anschauungen der beiden Frauen hervor.[27] Die von hinduistischem und buddhistischem Gedankengut geprägte Ella Maillart war überzeugt, dass die innere Läuterung Voraussetzung ist für die gefährliche Auseinandersetzung mit dem Chaos der äusseren Welt: „Warum in ein brennendes Haus springen – statt nachzudenken, woher die Rettung kommen könnte."[28] Als Reaktion auf diese Aussage Maillarts fragte sich Annemarie Schwarzenbach: „Irgendwo im Hunza Tal der menschlichen Glückseligkeit nachspüren, während die Brüder, so unschuldig wie ich, den namenlosen Tod sterben?"[29] Ihr Fazit für sich lautete: Das Unglück des Mitmenschen, vor allem, wenn es so massenhaft auftritt wie in einem Krieg, verhindert jegliches Anrecht auf ein persönliches Glück. Diese extreme Solidarität mit Machtlosen und Opfern wird erst im Licht von Schwarzenbachs Vorstellung des Tragischen als essentiellem Daseinselement verständlich: „Mir scheint immer noch, immer wieder der Schmerz, der Kampf, die Spannung, die Auseinandersetzung, die innere Erschütterung das Element des Lebens selbst."[30]

Im Kontext der Ereignisse in Europa schrieb Annemarie Schwarzenbach nach Ausbruch des Krieges mehrere Artikel zur politischen Lage Zentralasiens, wobei sie – prophetisch – einen russischen Einmarsch in Afghanistan befürchtete und dieses Land als ein „empfindliches Nervenzentrum der Weltpolitik“[31] bezeichnete. Bei aller persönlicher Unbill hielt sie also ihr Interesse an politisch-sozialen Fragen aufrecht, auch in der „äussersten Fremde“.

Ihr zwischen Anteilnahme und Teilnahmslosigkeit schwankender Zustand führte in Kabul zu einer gewissen Entfremdung Ella Maillart gegenüber. Da die zwei Frauen unterschiedliche Auffassungen über die Gestaltung der näheren Zukunft hatten, trennten sie sich im Oktober. Annemarie Schwarzenbach begab sich nach Turkestan im Norden Afghanistans und machte dort traumatisch-kathartisch anmutende Erfahrungen. Maillart reiste nach Südindien, wo sie unter Anleitung des Weisen Ramana Maharsi ein meditatives Leben führte. Nach der Rückkehr nach Kabul im November waren für Schwarzenbach „die Zeiten friedlich-abseitigen Lebens (...) vorbei. Ich möchte in die Schweiz zurückkommen, nicht, um mich zu vergraben, sondern um teilzunehmen an dem, was unser Leben ist.“[32] Bevor sie anfangs Januar 1940 in Bombay das Schiff für die Rückreise nach Europa bestieg, gab es ein letztes Wiedersehen mit Ella Maillart.

Noch während der fast einmonatigen Rückfahrt liess sie die Reise Revue passieren und schrieb jeden Tag einen Artikel! Zu Hause in der Schweiz begann sie unverzüglich mit der publizistischen Auswertung. Diese erwies sich schwieriger als erwartet, da die alles dominierende Aktualität des Krieges das öffentliche Interesse an diesem vergleichsweise exotisch wirkenden Reiseunternehmen beeinträchtigte. Trotzdem gelang es Annemarie Schwarzenbach, zahlreiche Artikel, Reisefeuilletons und Fotoreportagen zu veröffentlichen. Neben einem Vortrag in einer geographischen Gesellschaft sprach sie auch im Radio über ihre Erlebnisse in Afghanistan.[33]

Unzufrieden mit der Arbeit der Presseagentur während der Zeit der Reise, versuchte Schwarzenbach, direkt mit wichtigen Zeitungen und Zeitschriften zu verhandeln, wobei sie sich auch für die Publikation von Maillarts Artikeln und Fotografien einsetzte. Da die in Kabul entstandenen Prosastücke der Sammlung „Die vierzig Säulen der Erinnerung" nicht den Vorstellungen von üblichen Reiseberichten entsprachen und sich nicht in einem Text- und Bildband über die Fahrt verwenden liessen, kam die vorgesehene Publikation im Morgarten-Verlag nicht zustande.

Auch die Veröffentlichung von Ella Maillarts Reisebericht liess lange auf sich warten. Wegen des überraschenden Todes von Annemarie Schwarzenbach im Jahr 1942 erhielt Maillart Dokumente der Freundin, die für die Niederschrift ihres Textes wichtig waren, mit grosser Verspätung. Nachdem sie mit dem fertigen Manuskript in der Tasche nach Kriegsende aus Indien in die Schweiz zurückgekehrt war, erbat sich die Mutter von Annemarie, Renée Schwarzenbach, Einsicht in den Text. Erst nach der Streichung von einigen wenigen Stellen, welche das Verhalten der Mutter in einem ungünstigen Licht zeigten, und der Verwendung des Decknamens „Christina" für die verstorbene Freundin konnte das Buch 1947 in England erscheinen.[34] Der vieldeutige Titel der Originalausgabe, „The cruel way", wie auch derjenige der französischen Übersetzung, „La voie cruelle", reflektierte eine Aussage über die spezifische Art des gemeinsamen Unternehmens, die Ella Maillart in einer frühen Entstehungsphase des Textes gemacht hatte: „a journey which for us was more psychological than geographical."[35]

Das eigentliche Abenteuer der Reise war die – schwierige – Beziehung zwischen den verschieden gearteten Frauen.

IV

„Reisen, um heimatlos zu werden."[36]
Henri Michaux

Leben und Reisen. Reisen und Schreiben. Schreiben und Leben. Während der Reise nach Afghanistan liess sich das eine vom anderen immer weniger abgrenzen.

Annemarie Schwarzenbach entdeckte in Afghanistan eine Art „terra incognita" mit archaischen Landschaften. Verschont von vielen Übeln der westlichen Zivilisation, hat dieses Land seit jeher Reisende magisch angezogen.[37] Fern allem Vertrauten, eignete sich dieser Ort wie kein anderer für die von den beiden Frauen gewünschte Selbstbegegnung. Denn: „Der Osten war die Wüste, die unaufhörliche Einöde des Sonnenaufgangs, die dornige Steppe der Besinnung."[38] Und doch war für Schwarzenbach die eigene Heimat in Afghanistan eigentümlich nahe: Wegen der mit unserem Land vergleichbaren gebirgigen Landschaft, der örtlichen Lage (ohne Meeranschluss, umgeben von mächtigen Nachbarstaaten), der politischen Unabhängigkeit und Mehrsprachigkeit wird Afghanistan oft die „Schweiz Asiens" genannt. Auch deshalb erinnerte sie dieses Land an die „Kindheitsvisionen einer herrlichen, weiten, von Gottes Engeln besuchten Erde"[39].

Annemarie Schwarzenbachs Begriff des Reisens, den sie während ihrer früheren Fahrten nach Vorderasien und Persien entwickelt hatte, erhielt durch das physisch und psychisch strapaziöse Afghanistan-Unternehmen neue, radikalere Züge. Das Reisen wird als eine besonders intensive Form von Leben – „ein konzentriertes Abbild unserer Existenz" – interpretiert, das im Gegensatz zu unseren heutigen touristischen Unternehmungen keine „Befreiung vom Alltag", sondern „in Wirklichkeit gnadenlos"[40] ist. Es gilt herauszufinden, „welche unserer so schützenden und so blind machenden Gewohnheiten noch einen wirklichen Wert besitzen"[41]. Immer wieder ankommen, immer wieder sich verabschieden gehört ebenfalls zu den Grundelementen des ständigen Unterwegsseins. Das manchmal schmerzvolle Aufbrechen kann aber auch ein „Fest" sein, weil man dadurch Unangenehmes zurücklassen und zu bequeme Brükken hinter sich abbrechen kann. Den Mut, „leere Horizonte" zu erblicken, den Verheissungen des „unsterblichen Blaus der Moschee Gohar Shad"[42] in Herat und desjenigen anderer Moscheen in Zentralasien zu folgen, verbindet Schwarzenbachs Beweggründe mit der Motivation anderer Asienreisender.

Trotzdem fragte sie sich vor der Abreise nach Afghanistan: „Why do we leave this loveliest country in the world? What urges us to go east on desert roads?"[43] Die Antwort gab sie sich selbst: „Die Sehnsucht nach dem Absoluten ist ja wohl der eigentliche Antrieb jedes echten Reisenden."[44] In Afghanisch-Turkestan wird Annemarie Schwarzenbach diesem Absoluten in all seiner Rätselhaftigkeit begegnen. Sie war im Oktober 1939 mit französischen Archäologen dorthin gereist, um sich in einer unwirtlichen, klimatisch extremen Gegend von der Diktatur der Drogen zu befreien. Die „Rosskur" zeigte Wirkung, allerdings verbunden mit apokalyptisch anmutenden Erfahrungen: „Himmelschreiende Not, himmelschreiende Angst, keine Antwort."[45] Der Aufenthalt und das Umherziehen in der Wüste Turkestans wird zu einem Ausloten der Öde, der leeren Stellen in der inneren Landschaft. Immer wieder scheinen sich in der Abgeschiedenheit und in diesem radikalen Zurückgeworfensein auf sich selbst die Grenzen zwischen Wirklichkeit und Vision zu verwischen.

Es ist kein Zufall, dass die Autorin gerade während dieser Reise auf Dantes „Göttliche Komödie" anspielt.[46] Sie empfindet sich selbst als ruhelose Wandernde, von einer Hölle zur anderen, vielleicht in der Hoffnung, durch die Selbsterforschung und -geisselung zum Purgatorium und gar zum Paradies zu gelangen. Denn dieses, als Imagination und Erinnerung an „ein Kindheitsufer", eine „versprochene Erde"[47] verstanden, ist der Keim des ständigen Aufbrechens: dieser „Sehnsucht nach dem Absoluten". Und je mehr sich das Absolute in den Steppen und Wüsten verbirgt, um so stärker ist seine Wirkung. Der mythische Hintergrund – die „versprochene Erde" – wird von Annemarie Schwarzenbach in ihrem „turkestanischen Exil" mit arkadischen Landschaftsbildern ausstaffiert, die rührend denjenigen ihrer Kindheit auf Bocken gleichen. So erhält in der extremen Fremde das traumhafte Sehnsuchtsbild fast wieder vertraute Züge.

Mehrmals berichtet die Autorin, wie es ihr – angesichts des nahen Krieges im Innern und des fernen draussen – die Sprache verschlägt.[48] Gleichzeitig weiss sie, dass nur das Reden und das Schreiben der totenähnlichen Erstarrung Einhalt gebieten können.[49] Doch wie den Zweifel an der Sprache[50] zerstreuen? Und wie die traumatischen und komplizierten Vorgänge beschreiben? Müsste ein Bericht darüber nicht die bis zum Selbstverlust führende Entfremdung, die leidenschaftlichen Suchbewegungen, die immer wieder ins Leere laufen, wiedergeben? Müssten die monumental-eindringlichen Landschaften und Gefühle nicht als Ausdruck der allumfassenden Verunsicherung und Leere dargestellt werden? Müsste die Unermesslichkeit der asiatischen Weiten nicht mit derjenigen des weissen Papiers korrespondieren? Um dadurch eine Art „Asien des Schreibens" zu erschaffen? Könnten Bestandteile des neuen Reisebegriffes wie Verdichtung und Konzentration der Erfahrungen nicht auch im Schreiben verwendet werden? Das Schreiben als ein Spiegelbild des umherirrenden Reisens?

Diesen Fragen ist die Autorin auch in den besten Texten dieser Ausgabe wie „Der Ararat", „Die Steppe", „Dreimal der Hindukusch", „Das Nachbardorf", „Das Oxus-Ufer" oder „Cihil Sutun" nur teilweise nachgegangen (ihre politisch-sozial ausgerichteten Artikel gehören nicht zu diesem Themenkreis). Sie war sich bewusst, dass sie bei der

Niederschrift der erwähnten Arbeiten, hauptsächlich jener in „Die vierzig Säulen der Erinnerung“, an früher gemachte Schreiberfahrungen anknüpfte.[51] Vor allem die Texte in der genannten Sammlung kranken an der von Schwarzenbach als Tugend verstandenen „absoluten Aufrichtigkeit“. Das eigene Martyrium wird dadurch mehr pathetisch deklamiert statt analysierend verbildlicht. Trotzdem finden sich in den Arbeiten unvergessliche Landschaftsdarstellungen, die durch den leidenschaftlichen Blick ihrer Urheberin geradezu vibrieren. Und sie bestätigen, dass Leiden und Leidenschaft bei Annemarie Schwarzenbach untrennbar sind, dass sie ihr Schaffen antreiben und durchdringen.[52]

In „Dreimal der Hindukusch“ demonstriert die Autorin eindrücklich die magische Verschränkung von Sprache und Reisen. Namen werden kunstvoll wie Perlen an einer Schnur aufgereiht und lassen in dieser Konstellation nicht mehr zwischen Erinnerungen an besuchte Örtlichkeiten und deren sprachlicher Evokation unterscheiden. Der „Gehalt der Namen“ – ihr „Klang“ und ihre „Farbe“ – entpuppt sich als eine andere, geheimnisvolle Wirklichkeit. Anderseits entfalten die Namen ihre eigentliche Kraft erst, wenn man ihre Magie „am eigenen Leibe“ spürt und in der Begegnung mit dem von ihnen Bezeichneten. In diesem Zusammenhang drängt sich die Definition auf: Ein Reisebericht ist erst dann überzeugend, wenn die Sprache selbst zur Reise wird.

Zu Recht wollte Annemarie Schwarzenbach Texte wie „Der Ararat“ und „Cihil Sutun“ weder als Artikel noch als Reisebeschreibungen verstanden wissen. Mit ihrem elegisch-lyrischen Sprachgestus könnte man sie als Vorformen der schwermütigen Prosagedichte wie „Die zärtlichen Wege, unsere Einsamkeit“ (1940) oder „Marc“ (1942) bezeichnen, die Schwarzenbachs spätes dichterisches Werk dominieren. Und da ihr Leben vorwiegend aus Reisen bestand und Leben und Reisen im Banne des Schreibens waren, beurteilte sie die Ver-Dichtung ihrer Eindrücke in Afghanistan treffend als „vielleicht das einzige Resultat dieser Reise“[53].

Eine „unheilbare Reisende“[54] – eine, die nichts anderes konnte als: „schreiben zu wollen, um jeden Preis.“[55]

Zürich, Juni 2000 *Roger Perret*

Anmerkungen

[1] Annemarie Schwarzenbach (= A.S.): „Tagebuch". Typoskript (= Abschrift des verschollenen Originals durch Ella Maillart?), [27./28.8.1939–7.1.1940], Kabul, Eintrag 30.9.1939. Fotokopie im Besitz von R.P.

[2] Aus dem Gedicht „Zwei Ufer" (Aus dem Italienischen von Michael von Killisch-Horn). Zit. nach „Das Feld beginnt über den Dächern. Lyrik und Prosa der lateinischen Schweiz". In: „metaphorá", Zeitschrift für Literatur und Übertragung, Oktober 1998, Nr. 3/4, S. 167.

[3] Brief an Alfred Wolkenberg, Yverdon, 4.1.1939. Im Besitz von R.P.

[4] Vgl. Ella Maillart (= E.M.): „Parmi la jeunesse russe – De Moscou au Caucase". – Paris: Editeurs Fasquelle 1932; „Des monts célestes aux sables rouges". – Paris: Editions Bernard Grasset 1934; „Oasis interdites. De Pékin au Cachemire". – Paris: Editions Bernard Grasset 1937.

[5] Vgl. Annemarie Schwarzenbach: „Auf der Schattenseite. Ausgewählte Reportagen, Feuilletons und Fotografien 1933–1942". Hg. von Regina Dieterle und Roger Perret. Mit einem Nachwort von Regina Dieterle. – Basel: Lenos Verlag 1990; „Jenseits von New York. Ausgewählte Reportagen, Feuilletons und Fotografien aus den USA 1936–1938". Hg. von Roger Perret. – Basel: Lenos Verlag 1992.

[6] E.M.: „Flüchtige Idylle. Zwei Frauen unterwegs nach Afghanistan". Mit einem Nachwort über Annemarie Schwarzenbach von Roger Perret. – Zürich: Efef-Verlag 1988, S. 9.

[7] A.S. hielt sich von Mitte Oktober 1938 bis Ende Februar 1939 in der Klinik „Bellevue" in Yverdon auf. Im Dezember 1938 begann sie, das Manuskript „Tod in Persien" (1935/1936) umzuarbeiten. Vgl. Brief an Alfred Wolkenberg, 4.1.1939, a.a.O.: „Die Arbeit spannt mich so an, dass ich auf der Stelle wieder viele Kilos abnahm, weder essen noch schlafen mochte, – ja, fast hätten mir die Ärzte den Schreibtisch verboten." 1940 erschien die neue Fassung unter dem Titel „Das glückliche Tal".

[8] A.S. musste innerhalb eines Jahres viermal – im März, Mai, Juli/August, Oktober 1938 bis Februar 1939 – Kliniken in Samedan, Kreuzlingen und Yverdon aufsuchen, um sich einer Drogenentziehungskur zu unterziehen. Auffallend ist, dass – nach politischen Katastrophen wie dem Einmarsch der Deutschen in Österreich im März 1938 oder der Zerschlagung der Tschechoslowakei seit September 1938 bzw. nach mit journalistischen Aufträgen verbundenen Besuchen dieser Länder – sich A.S.s Suchtprobleme verschärften und die Depressionen zunahmen.

[9] 1937/1938 unternahm A.S. mit der amerikanischen Journalistin und Fotografin Barbara Hamilton-Wright zwei Reisen durch die USA und berichtete in Wort und Bild darüber.

[10] Vgl. E.M.: „Flüchtige Idylle“, a.a.O., S. 17: „Während der Londoner Tage wohnte ich bei Irene, die Christina [= A.S.] im Jahre 1935 in Teheran kennengelernt hatte. Sie hielt es für unklug, eine solche Reisegefährtin mitzunehmen – sie prophezeite, dass wir niemals nach Kabul kommen würden, nicht einmal nach Persien.“

[11] Vgl. E.M.: „Croisières et caravanes“. – Paris: Editions du Seuil 1951, S. 172: „C'était un être noble, au charme prenant. Jusqu'à présent sa forte personnalité si malheureusement divisée était toujours parvenue à imposer sa volonté aux amis qui cherchaient à provoquer et guider son retour à la vie normale. Mais, sûre de ne pas tomber sous son emprise, je me sentais capable de réussir là où d'autres avaient échoué.“ Siehe auch Brief von E.M. an Ria Hackin, Peshawar, 22.2.1940: „Moi je l'aime non pas émotionellement comme vous, mais fraternellement.“ Fotokopie im Besitz von R.P.

[12] A.S. besprach unter dem Titel „Eine Schweizerin reitet durch verbotenes Land“ die deutsche Übersetzung von E.M.s Buch „Oasis interdites“, a.a.O. In: „Annabelle“, Januar 1939, Nr. 11.
Siehe auch A.S.: „Tagebuch“, a.a.O., Kabul, Eintrag 30.8.1939: „Ich kann Ella bewundern bis zur Hingerissenheit, und mich schämen. Aber ich kann sie nicht einfach nachahmen, wir sind zu verschieden.“ Und: Kabul, Eintrag 2.9.1939: „Ella ist ein lauterer und gütiger Kamerad, innerlich besorgt um mich und entschlossen wie am ersten Tag, mir zu helfen, aber sie ist ohne jede Zärtlichkeit, unsere Beziehung ist für mich ungewohnt und herb.“

[13] Zit. nach Brief von A.S. an E.M., Sils-Baselgia, 12.3.1939. Fotokopie im Besitz von R.P.

[14] Vgl. Brief an E.M., Sils-Baselgia, Dimanche de Pâques [April] 1939: „Si ce voyage serait une fuite, un expériment, un risque. Non, il est une simple necessité. (...) il faut que je détache de moi-même, que je me laisse absorber par notre monde, voir, apprendre, comprendre.“ Fotokopie im Besitz von R.P.

[15] Zit. nach A.S.: „‚Verbotene Reise‘“ (Besprechung der deutschen Übersetzung von E.M.s Buch „Oasis interdites“, a.a.O.), Typoskript, undatiert [Dezember 1938]. Fotokopie im Besitz von R.P.

[16] Vgl. E.M.: „Croisières et caravanes“, a.a.O., S. 172: „Non seulement nous aimions toutes les deux le voyage, mais chacune de notre côté nous

avions atteint une même conclusion: le chaos qui nous entoure dépendait du chaos qui est en nous. Et ce n'est qu'en l'ordonnant que l'on pouvait parvenir à savoir pourquoi l'on veut vivre. Nous voulions donc apprendre à nous connaître nous-mêmes, tout en étudiant le monde et les populations qui serviraient de thèmes à nos articles de journaux."

[17] A.S.: „Mobilisiert in Kabul ...". In: „Auf der Schattenseite", a.a.O., S. 225.

[18] E.M.: „Flüchtige Idylle", a.a.O., S. 21.

[19] Vgl. Brief von E.M. an Anita Forrer, Sri Ramana Asram, Tiruvannamalai, South India, 17.8.1943: „Our photos were to be pooled into a common property: thus only could I work quietly with the cinema, knowing that I could rely on Annemarie's stills for the illustration of my book (and we knew our books would be published in different countries)." Fotokopie im Besitz von R.P.

In Zeitschriften wie „Zürcher Illustrierte" und „Sie und Er" erschienen Fotoreportagen über die Afghanistan-Reise mit Aufnahmen von A.S. und E.M. In ihrem 1947 erschienenen Buch über diese Reise, „The cruel way", nahm E.M. jedoch keine Bilder von A.S. auf. Sie musste allerdings mangels geeigneter Aufnahmen für die Illustrierung auch auf Fotos von der früheren Afghanistan-Reise, die sie 1937 unternommen hatte, zurückgreifen, wobei dieses Auswahlvorgehen im Band nicht deklariert ist.

[20] Vgl. Regina Dieterles Kommentar zur Vorführung des farbigen Stummfilms „Auf abenteuerlicher Fahrt durch Iran und Afghanistan" (mit zusätzlichen Ausschnitten aus dem Schwarzweiss-Film über die Afghanistan-Reise) von E.M., XENIA, Zürich, 14./17.5.1998: „Der Film ist ein Experiment. Ein wirklicher Versuch. Denn Agfa war 1939 eben dabei, Farbfilme für Filmkameras in den Handel zu bringen, und forderte deshalb Ella Maillart auf, diese Filme auf der Reise auszuprobieren. So wurde Ella Maillart, die natürlich schon jahrelange Erfahrung als Fotografin hatte, zur Filmpionierin. Die kostbaren Filmspulen, die sie mit auf die Reise bekam, dauerten jede gerade 3 Minuten. Lange Szenen liessen sich damit nicht drehen. Es fallen denn auch die schnellen Bildwechsel und häufigen Schnitte auf. (...) Das Filmmaterial nahm sie jedenfalls mit nach Indien, hier wurden die Filme entwickelt und die einzelnen 3-Minuten-Teile miteinander verbunden." Zit. nach Typoskript. Fotokopie im Besitz von R.P.

E.M. hat diese Filme bereits 1940 in Indien und nach ihrer Rückkehr auch in Europa mehrmals gezeigt und mit den Einnahmen aus den Vorführungen einen Teil ihres Lebensunterhaltes finanziert. Einige Filmsequenzen lassen übrigens vermuten, dass auch A.S. wenige Male die Kamera geführt hat.

[21] Brief an Arnold Kübler, Kaboul, Légation de France, 21.11.1939. Nachlass Arnold Kübler, Handschriftenabteilung der Zentralbibliothek Zürich. Fotokopie im Besitz von R.P.

[22] A.S.: „Der Tschador". In: „Auf der Schattenseite", a.a.O., S. 234.

[23] A.S.: „Afghanistan". Typoskript, 16.3.1940 [?]. Nachlass Annemarie Schwarzenbach, Schweizerisches Literaturarchiv, Bern. Fotokopie im Besitz von R.P.

[24] Siehe Anm. 23.

[25] A.S.: „Tagebuch", a.a.O., Kabul, Eintrag 3.9.1939.

[26] Vgl. E.M.: „Flüchtige Idylle", a.a.O., S. 24: „Das Reisen hatte nicht mehr denselben Zauber für mich wie früher. Seltsamerweise erschien mir die Welt nun weniger real als das, was unser Innenleben gestaltet. Die Besessenheit, die für meine Gefährtin eine solche Qual bedeutete, war dermassen erbarmungslos, dass sie auf jeden meiner Gedanken abfärbte."

[27] Vgl. Brief von A.S. an E.M., Yverdon, Clinique Bellevue, 24.11.1938: „Je me suis dit que votre prétendu desintéressement à la politique – n'est qu'un malentendu entre nous: nous n'avons pas fixé la notion de ‚politique' – pour moi, c'est simplement le vaste domaine de la vie d'aujourd'hui et des évènements dont nous ne pouvons séparer notre vie personelle. Aussitôt qu'on fait travailler son imagination, qu'on *réalise* les choses, qu'on devient conscient – on acceptera qu'il n'y a pas de séparation possible, pas de réserve à faire entre une vie privée et ‚la vie' –" Fotokopie im Besitz von R.P.

[28] Zit. nach A.S.: „Tagebuch", a.a.O., Kabul, Eintrag 30.8.1939.

[29] Siehe Anm. 28.

[30] A.S.: „Tagebuch", a.a.O., Kabul, Eintrag 2.9.1939.

[31] A.S.: „Afghanistan", 16.3.1940 [?], a.a.O.

[32] Brief an Arnold Kübler, 21.11.1939, a.a.O.

[33] A.S. hielt im April 1940 einen Vortrag in der „Ostschweizerischen Geographisch-Kommerziellen Gesellschaft" in St. Gallen und sprach 20 Minuten lang im Radiostudio Zürich. Vgl. A.S.: „Aus dem heutigen Afghanistan. Abdruck aus den Mitteilungen der Ostschweizerischen Geographisch-Kommerziellen Gesellschaft in St. Gallen, Jahrgang 1938/39". – Frauenfeld: Huber 1940 (= Separatdruck); „Afghanistan – die Schweiz Asiens". In: „Schweizer Radio-Zeitung", 27.4.1940, Nr. 17.

[34] Vgl. E.M.: „The cruel way". – London: William Heinemann 1947. E.M.s Text hiess in einer früheren Fassung „The double journey". Neben

den erwähnten Änderungen für den Druck von „The cruel way" musste ausserdem der Ortsname Sils durch Silvaplana ersetzt werden und A.S.s Buch „Das glückliche Tal" durfte weder genannt noch, wie vorgesehen, in der Liste der benutzten Literatur aufgeführt werden. Das Pseudonym „Christina" wurde erst in der 1987 in Lausanne erschienenen Neuausgabe von „La voie cruelle" gelüftet.

[35] Brief von E.M. an Anita Forrer, 17.8.1943, a.a.O.

[36] Zit. nach Henri Michaux: „Ecuador. Reisetagebuch". – Graz-Wien: Literaturverlag Droschl 1994, S. 158.

[37] Unter den Publikationen früherer Afghanistan-Reisender ragt das 1937 in London erschienene Buch „The road to Oxiana" des englischen Schriftstellers Robert Byron (1905–1941) heraus. Es diente E.M. und A.S., aber auch späteren Afghanistan-Besuchenden wie Bruce Chatwin (vgl. u.a. seinen Text „A lament for Afghanistan" in: B.C.: „What am I doing here". – New York: Viking Penguin 1989, S. 286–293) als Grundlage und Inspiration. Nach dem Zweiten Weltkrieg hat u.a. der bekannte Westschweizer Schriftsteller Nicolas Bouvier (1929–1998) in seinem 1963 in Genf publizierten Buch „L'usage du monde" eine Reise nach Afghanistan beschrieben. In der Wanderausstellung des MIGROS-Kulturprozentes „La voie cruelle, la voie heureuse", die von R.P. konzipiert und 1999 eröffnet wurde, werden anhand der Afghanistan-Reisen 1939/1940 von A.S./E.M. und 1953/1954 von Nicolas Bouvier Fotografien und Texte der drei wohl bedeutendsten Schweizer Reiseschriftstellerinnen und -schriftsteller dieses Jahrhunderts erstmals gemeinsam präsentiert.

[38] A.S.: „Nach Westen". In: „Auf der Schattenseite", a.a.O., S. 256.

[39] A.S. „Afghanistan", 16.3.1940 [?], a.a.O.

[40] A.S.: „Die Steppe". In: „Alle Wege sind offen. Die Reise nach Afghanistan 1939/1940. Ausgewählte Texte". – Basel: Lenos Verlag 2000, S. 34. Siehe auch Brief an E.M., Kaboul, Légation de France, 3.12.1939: „Je déteste sightseeing as a tourist." Fotokopie im Besitz von R.P.

[41] A.S.: „Tagebuch", a.a.O., Kabul, Eintrag 30.8.1939.

[42] A.S.: „Niemandsland – zwischen Persien und Afghanistan". In: „Alle Wege sind offen", a.a.O., S. 43.

[43] A.S.: Legende zur Fotografie „Letzte Stunde in der Schweiz: Halt am Simplon", Juni 1939. Nachlass Annemarie Schwarzenbach, Schweizerisches Literaturarchiv, Bern.

[44] A.S.: „Afghanistan". Typoskript, [Mai 1940]. Nachlass Annemarie Schwarzenbach, Schweizerisches Literaturarchiv, Bern.

[45] A.S.: „Tagebuch", a.a.O., Deh Hassan/Turkestan, Eintrag 30.10.1939. Siehe auch A.S.: „Turkestan, vergessene Tage". In: „National-Zeitung", 14.3.1940, Nr. 125: „Es gab über jenem Land keine Sonnenaufgänge und kein einziges Gestirn, und wir gingen umher, als habe Gott uns vergessen. Da sprach man kein Gebet mehr! Was hätte es geholfen? (...) Das NICHTS wurde gross wie der Himmel." Und A.S.: „Der Winterabend". Typoskript. Aus der Sammlung „Die vierzig Säulen der Erinnerung", Kabul, 18.12.1939. Nachlass Annemarie Schwarzenbach, Schweizerisches Literaturarchiv, Bern: „Die Abendstunden streichen wie hungrige Wölfe über die lautlose, kaum noch atmende Welt."

[46] Siehe A.S.: „Die Steppe". In: „Alle Wege sind offen", a.a.O., S. 36; „Dreimal der Hindukusch". In: „Alle Wege sind offen", a.a.O., S. 56.

[47] A.S.: „Cihil Sutun". In: „Alle Wege sind offen", a.a.O., S. 115.

[48] Vgl. A.S.: „Der Winterabend", a.a.O.: „Dieses Land hat manchmal Gesten des Schweigens, die mir die Kehle zuschnüren! (...) Ich bin allein, der Himmel kreist. Was verschlägt mir die Sprache?"

[49] Vgl. A.S.: „Turkestan, vergessene Tage", a.a.O.: „Die Gnade dieser Erde ist überschwenglich, wenn wir nur die Stimme erheben." Und A.S.: „Tagebuch", a.a.O., Kabul, Eintrag 30.8.1939: „Wirklich, ich lebe nur, wenn ich schreibe."

[50] Vgl. A.S.: „Cihil Sutun", a.a.O., S. 117: „Es schien mir auch selbstverständlich, dass ich nie wieder eine Feder in die Hand nehmen, ein Blatt Papier beschreiben würde. Dieser Beruf schien mir zu beschwerlich, ein beständiges Spiegelbild unseres unerlösten Daseins, das ich ja auch nicht hinnehmen und ertragen wollte. Immer aufs neue der Morgenstunde, dem Tag, der immer wieder entfremdeten Welt begegnen, sie berühren, und dem erschütterten Herzen ein einziges Wort abringen – und wissen: Das ist nicht von Dauer, das ist der Augenblick des Abschieds, schon vergessen." Und A.S.: „Der Lataband". Typoskript, 17.1.1940. Nachlass Annemarie Schwarzenbach, Schweizerisches Literaturarchiv, Bern: „Und dieses Konzert von Worten: was soll es?"

[51] Vgl. Brief an Charly Clerc, Sils-Baselgia, 7.4.1940: „‚Das Glückliche Tal' (...) est rien d'autre que le récit d'expériences personelles et douloureuses (...) je ne pouvais pas écrire autrement, faire aucune concession, songer ni au style ni au récit, mais seulement m'absorber dans une concentration et sincerité absolues. (...) En ce moment je devrais préparer un livre avec photos sur le voyage (...) Et je retrouve dans mon effort et dans chaque page terminé, le même rhythme, le même style dangereux." Fotokopie im Besitz von R.P.

[52] Vgl. Brief an E.M., Sils, 24.2.1940: „Je crois que la souffrance (non pas la ‚catastrophe') est la condition même pour tout ce que je saurai faire de ma vie ou mon talent." Fotokopie im Besitz von R.P.

[53] Brief an Otto Kleiber, Caboul, Légation de France, 20.12.1939. Fotokopie im Besitz von R.P.

[54] A.S.: „Afghanistan", [Mai 1940], a.a.O.

[55] Brief an Alfred Wolkenberg, 4.1.1939, a.a.O.

Anmerkungen zu den Texten

Bei jedem Text wird erwähnt, ob er als Typoskript (= Druckvorlage) im Nachlass Annemarie Schwarzenbach (= A.S.) im Schweizerischen Literaturarchiv in Bern vorhanden ist sowie ob und wo er veröffentlicht wurde. Sofern der Titel vom Herausgeber (= Hg.) ist, wird dies angegeben. Vermerkt wird die durch A.S. selbst vorgenommene Datierung der Typoskripte. Datierungen von undatierten Typoskripten durch das Schweizerische Literaturarchiv stehen in eckigen Klammern [ ].
Der Hinweis auf bereits veröffentlichte Texte in *Auf der Schattenseite. Ausgewählte, Reportagen, Feuilletons und Fotografien 1933–1942.* Herausgegeben von Regina Dieterle und Roger Perret. – Basel: Lenos Verlag 1990 wird mit „AdS" abgekürzt (siehe dort auch die zusätzlichen Anmerkungen zu den hier wiederveröffentlichten Arbeiten).

S. 9 **Balkan-Grenzen**
Typoskript. 14.7.1939. Kein Nachweis einer Veröffentlichung.

S. 14 **Therapia**
Typoskript nicht im Nachlass. Erstdruck: „National-Zeitung", 3.4.1940, Nr. 154.

S. 19 **Trapezunt: Abschied vom Meer**
Typoskript. [Juni 1939]. Erstdruck: „Der Bund", 31.10.1939, Nr. 509. Erster Artikel aus der dreiteiligen Serie „Quer durch Kleinasien" in: „Der Bund", 31.10.–2.11.1939.

S. 24 **Der Ararat**
Typoskript. Aus der Sammlung „Die vierzig Säulen der Erinnerung" (S. 8–10), Kabul, 18.12.1939. Kein Nachweis einer Veröffentlichung.

S. 31 **Die Steppe**
Typoskript. Oktober [1939]. Erstdruck: „National-Zeitung", 1.11.1939, Nr. 508. In Buchform: AdS, S. 207–211.

S. 38 **Die Gefangenen**
Typoskript. [Juli 1939]. Erstdruck: „National-Zeitung", 29.2.1940, Nr. 101.

S. 43 **Niemandsland – zwischen Persien und Afghanistan**
Typoskript nicht im Nachlass. Erstdruck: „National-Zeitung", 21.8.1939, Nr. 384.

S. 51 **Herat, am 1. August 1939 …**
Typoskript. 1.8.1939. Kein Nachweis einer Veröffentlichung.

S. 54 **Dreimal der Hindukusch**
Typoskript. Kabul, 17.11.1939. Erstdruck: „National-Zeitung“, 1.12.1939, Nr. 560. In Buchform: AdS, S. 236–240.

S. 62 **Im Garten der schönen Mädchen von Kaisar**
Typoskript. [Juli/August 1939]. Obertitel von A.S.: „Die Frauen Afghanistans“. Erstdruck: „National-Zeitung“, 13./14.4.1940, Nr. 172. Titel: „Die Frauen Afghanistans“. In Buchform: AdS, S. 229–232.

S. 67 **Die Frauen von Kabul**
Typoskript. [Herbst 1939]. Erstdruck: „National-Zeitung“, 27./28.4.1940, Nr. 196.

S. 75 **Das Nachbardorf**
Typoskript. [November 1939]. Erstdruck: „National-Zeitung“, 18.1.1940, Nr. 29.

S. 82 **Das Oxus-Ufer**
Typoskript. 20.11.[1939]. Erstdruck: „Zytglogge Zytig“, März 1988, Nr. 127.

S. 90 **Die Töpfer von Istalif**
Typoskript. [November/Dezember 1939]. Erstdruck: „National-Zeitung“, 26.12.1939, Nr. 599.

S. 96 **Die Reise nach Ghasni**
Typoskript. Kabul, 10.12.1939. Erstdruck: „Die Weltwoche“, 16.2.1940, Nr. 327.

S. 103 **Zwei Frauen allein in Afghanistan**
Titel vom Hg. Typoskript. 13.2.1940. Titel: „Gastfreundliches Afghanistan“. Erstdruck in zwei Teilen: „Thurgauer Zeitung“, 16.2.1940, Nr. 4. Titel: „Zwei Frauen allein in Afghanistan“ (S. 103 bis S. 106, Zeile 4, S. 110, Zeile 23 bis S. 112, Zeile 7); „Thurgauer Zeitung“, 17.2.1940, Nr. 41. Titel: „‚Gastfreundliches Afghanistan‘“ (S. 106, Zeile 5 bis S. 110, Zeile 22, S. 112, Zeile 8 bis S. 113).

Ob der Ablauf im Typoskript vom 13.2.1940 nach Rücksprache mit der Autorin für den Abdruck in der „Thurgauer Zeitung“ geändert wurde, ist fraglich. Die Druckvorlage hat viele stilistische Schwerfälligkeiten der früheren Fassung, datiert 9.1.1940, korrigiert, jedoch die für A.S. typische Zeichensetzung nicht übernommen. Die frühere Fassung scheint

ziemlich hastig während der Rückreise mit dem Schiff nach Europa geschrieben worden zu sein. Sie enthält folgenden Vermerk von fremder Hand: „Original: Thurgauer Ztg. /1. Abzug". Die Druckvorlage trägt den Obertitel „Korrespondenz des PRESS-SERVICE ZUERICH" (= Presseagentur von A.S. und Ella Maillart). Auf gleichem Papier und mit fortlaufender Seitennumerierung finden sich noch drei weitere Artikel. Ob die stilistisch zum Teil einschneidenden, in vielen Fällen berechtigten Korrekturen nach Vorschlägen der Autorin oder von einem Mitarbeiter der Presseagentur eigenmächtig vorgenommen wurden, kann nicht eindeutig beantwortet werden. Die für A.S. untypische Zeichensetzung spricht eher für die zweite Version. Derartige Änderungen von fremder Hand wären allerdings ein Ausnahmefall, da die Zeitungsabdrucke in der Regel stilistisch nur wenig oder gar nicht von den Druckvorlagen = Typoskripten der Autorin abweichen. Die Verbesserungen in der späteren Fassung könnten anderseits auf einer – fehlenden – Vorlage beruhen oder von A.S. zumindest sanktioniert worden sein.
Trotz dieser Unsicherheiten über die Textüberlieferung wurde die sprachlich überzeugendere spätere Fassung als Druckvorlage verwendet. Im Gegensatz zum Zeitungsabdruck entspricht der Ablauf demjenigen in den beiden Fassungen. Der Titel wurde jedoch dem im Abdruck vom 16.2.1940 verwendeten entnommen.

S. 114 **Cihil Sutun**
Titel von A.S. handschriftlich unter dem maschinenschriftlichen Titel: „Die vierzig Säulen der Erinnerung". Typoskript. Aus der Sammlung „Die vierzig Säulen der Erinnerung" (S. 1–3), Kabul, 18.12.1939. Erstdruck: „Über Erwarten. Der 100. drehpunkt. Ein Lesebuch aus der Schweiz". Hg. von Rudolf Bussmann und Martin Zingg. – Basel: Lenos Verlag 1998, S. 178–182.

S. 121 **Nach Peshawar …**
Typoskript. [Dezember 1939]. Erstdruck: „Die Tat", 18./19. 5.1940, Nr. 115.

S. 126 **Aden, eine Morgenvision**
Typoskript. Aden, 11.1.1940. Erstdruck: „National-Zeitung", 12.2.1940, Nr. 71.

S. 132 **Die Reise durch den Suez-Kanal**
Typoskript. Hinter Port Said, 16.1.1940. Erstdruck: „Luzerner Tagblatt", 21.9.1940, Nr. 233. Titel: „Fahrt durch den Suezkanal".

Zur Edition

Die Texte dieses Bandes stammen einerseits aus dem Nachlass Annemarie Schwarzenbach (= A.S.) im Schweizerischen Literaturarchiv in Bern, anderseits aus Zeitungen, für die A.S. geschrieben hat. Die Fotografien wurden, wenn nicht anders erwähnt, dem Bildnachlass der Autorin im Schweizerischen Literaturarchiv entnommen.

Über die Reise nach Afghanistan 1939/1940 hat A.S. ca. 80 Artikel und Fotoreportagen verfasst, wovon eine Mehrheit in Zeitungen und Zeitschriften veröffentlicht wurde. Von einigen der im Nachlass befindlichen Typoskripte ohne Nachweis einer Veröffentlichung konnten Regina Dieterle und der Herausgeber im Zusammenhang mit dem von ihnen 1990 herausgegebenen Band *Auf der Schattenseite. Ausgewählte Reportagen, Feuilletons und Fotografien 1933–1942* (= AdS) einen Zeitungsabdruck eruieren. Auf weitere Veröffentlichungen in Zeitungen stiess der Herausgeber bei Recherchen für diesen Band. Aus diesem Fundus von Texten sowie aus der unveröffentlichten Sammlung von zehn Prosatexten über die Afghanistan-Reise – „Die vierzig Säulen der Erinnerung" – wurde die Auswahl getroffen. Mit Ausnahme von vier Arbeiten sind die Texte in Buchform unveröffentlicht.

Ebenfalls in Buchform unveröffentlicht sind die Bilder. Die paar Beispiele sollen auf das eindrückliche fotografische Schaffen von A.S. während dieser Reise neugierig machen (einige weitere Bilder finden sich in AdS). Dem Umfang von über zweihundert Aufnahmen und ihrer thematischen Breite kann jedoch nur ein separater Fotoband gerecht werden.

Die Druckfassungen wurden, wenn möglich, nach Typoskripten erstellt. Da die Autorin bestimmte Themen mehrmals in verschiedenen Zeitungen zur Sprache brachte, sind einige thematische Überschneidungen in dieser Auswahl unvermeidlich. Trotzdem werden die Texte ungekürzt wiedergegeben. Unterschiedliche Schreibweisen von Ortsnamen wie Trapezunt-Trabzon oder Persien-Iran wurden in der Regel nicht vereinheitlicht. In dieser scheinbaren Inkonsequenz verbirgt sich nicht nur eine historisch bedingte Verunsicherung über die „richtige" Schreibweise von Ortsnamen in einem fremden Kontinent, sondern auch ein Vorgang, der für den Schreibprozess der Autorin charakteristisch ist: die Verführung durch fremdartige, magisch klingende Namen. Die Zeichensetzung wurde wie in den früheren Bänden der Werkausgabe modernisiert, folgt jedoch sonst, wenn möglich, der eigenwilligen Vorgabe der Autorin. Offensichtliche Fehler und Flüchtigkeiten wurden berichtigt und störende stilistische Mängel korrigiert.

Der Herausgeber

Sonderedition zum 100. Geburtstag von Annemarie Schwarzenbach

Lyrische Novelle
Mit einem Essay von Roger Perret
148 Seiten, gebunden
ISBN 978 3 85787 391 1

Freunde um Bernhard
Roman
Mit einem Nachwort von Michael Töteberg
198 Seiten, gebunden
ISBN 978 3 85787 390 4

Bei diesem Regen
Erzählungen
Mit einem Nachwort von Roger Perret
248 Seiten, gebunden
ISBN 978 3 85787 395 9

Tod in Persien
Mit einem Essay von Roger Perret
160 Seiten, gebunden
ISBN 978 3 85787 393 5

Winter in Vorderasien
Tagebuch einer Reise
180 Seiten, gebunden
ISBN 978 3 85787 392 8

Alle Wege sind offen
Die Reise nach Afghanistan 1939/1940
Mit einem Essay von Roger Perret
172 Seiten, gebunden
ISBN 978 3 85787 394 2

je Band € 12.–, sFr. 19.80

Reiseberichte im Lenos Verlag

Die Reise nach Madagaskar
301 Seiten, broschiert
ISBN 978 3 85787 652 3
Lenos Pocket 52

»Nicht nur als seltenes Dokument madagasischer Geschichte des 19. Jahrhunderts aus europäischer Sicht und als eine Version eurozentrischer Weltsicht ist Ida Pfeiffers Buch ausserordentlich lesenswert; die spannende und amüsante Reisegeschichte aus der Feder einer weltgewandten bürgerlichen Lady bietet obendrein ein wahres Lesevergnügen.«
Die FrauenZeitung

Reiseberichte im Lenos Verlag

In zehn Jahren um die Welt
304 Seiten, broschiert
ISBN 978 3 85787 700 1
Lenos Pocket 100

»Die kuriose Mischung aus Naivität und Strenge, aus Mut, Witz und Enge macht aus Lina Böglis tagebuchartigem Reisebericht ein herzerfrischend widerspruchsloses Dokument weltläufiger Provinzialität.«
Neue Zürcher Zeitung